优·品·生·活

谢薇◎编著

得体的行为举止

Decent Behavior

哈尔滨出版社
HARBIN PUBLISHING HOUSE

图书在版编目（CIP）数据

得体的行为举止 / 谢薇编著.—2版.—哈尔滨：
哈尔滨出版社，2016.5
ISBN 978-7-5484-2483-3

Ⅰ.①得…　Ⅱ.①谢…　Ⅲ.①礼仪-基本知识　Ⅳ.
①K891.26

中国版本图书馆CIP数据核字（2016）第037501号

书　　名：得体的行为举止

作　　者：谢　薇　编著
责任编辑：姚春青　尉晓敏
责任审校：李　战
封面设计：里奥设计

出版发行：哈尔滨出版社（Harbin Publishing House）
社　　址：哈尔滨市松北区世坤路738号9号楼　**邮编：**150028
经　　销：全国新华书店
印　　刷：哈尔滨市石桥印务有限公司
网　　址：www.hrbcbs.com　www.mifengniao.com
E-mail：hrbcbs@yeah.net
编辑版权热线：（0451）87900271　87900272
销售热线：（0451）87900202　87900203
邮购热线：4006900345　（0451）87900345　87900256

开　　本：787mm×1092mm　1/16　**印张：**16　**字数：**150千字
版　　次：2016年5月第2版
印　　次：2016年5月第1次印刷
书　　号：ISBN 978-7-5484-2483-3
定　　价：45.00元

一直相信，世界因为优雅而变得更文明，因为交往而变得更开阔，因为爱而变得更温暖。而我们，只有摒弃掉粗俗、无知、生硬、冷漠，才能将每一次举手投足，凝结成这个世界里美丽的风景。

Decent

Decent

得体的行为举止

突然发现自己真的是一个喜欢舒适的人，相信你肯定也喜欢，大概没有哪个人不喜欢这个词和这个状态吧。

一直以为跷着“二郎腿”随意地靠在沙发上很舒适，一直以为毫无顾忌地在餐桌上开怀进食很舒适，一直以为肆无忌惮地与人谈笑风生很舒适，一直以为不管去哪里都穿着纯棉的 T 恤、牛仔裤很舒适。

可是，当我看到身着合体的职业装、脸上化着清雅彩妆的女子从容地走入写字楼的时候，难免会眼前发亮；当我看到那般谦和优秀的男人从一堆文件里抬起头，温暖地对我微笑的时候，心里会为之一震；当我看到优雅智慧的人在会议上展示风采，在谈判桌上针锋相对，在舞会上翩然起舞的时候，我知道了——舒适不只是让自己感觉舒服，而且，也要让别人看着舒服，感受着舒服。

这大概就是良好的行为举止所能产生的力量和结果吧，它是任何在社会中的人都无法忽视和不应该忽视的。因为当你忽视了它的时候，也就忽视了接近美的能力和靠近优雅的动力。

我们的生活除了居家的环境以外，还有属于工作的环境和社交的圈子。而如果仪表和举止不能与身处的环境相协调，那样的生活看起来便不会和谐。

没有谁的世界里永远只有一个人。你出去工作，很自然地就要面对不同的人际关系脉络，而你的各种能力决定着生存和发展的空间，其中你的社会交往能力和平日里的行为举止，限定着你出门在外的交际和心情。即使在家里，也不能无视家人的感受，你的行为举止无法避免地要与家人发生关系，它直接影响着你的生活质量和爱的能力。

真的很希望自己是优美而优雅的，无论是居家的日子，还是在外的时光。

可优雅真的是与生俱来的气质吗？不，我宁愿相信它是后天的培养和塑造。别管这个世界上已经存在了多少绅士淑女，也别管他们已经演绎了多少端庄稳重、优雅得体的行为，从今天起、从现在起，只要你想做，一定可以成为一个优雅的人。而成就一个人优雅的最基本条件就是——良好的仪表仪态，良好的行为举止，良好的人际交往。

请让自己的形象更靓丽俊朗一些，一个赏心悦目的仪表会增加无数乐观勇敢的信心；请让自己的举手投足更优雅得体一些，彬彬有礼的举止会让人更加接近文明与成功；请让自己的人际交往更如鱼得水一些，一套属于社交的礼仪便是让人轻松自如的水之源；请让自己对待细节时更慎重一些，因为有时细节可以决定成败。

精美的仪表、精良的举止、精彩的碰撞、精致的细节，希望它们可以帮助你成为真正的“精英”。

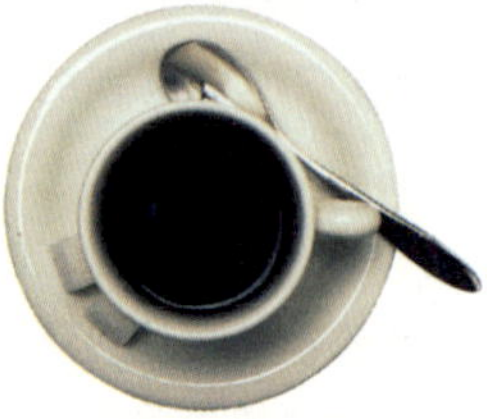

Decent

第1章 精美的形象

化妆与着装是修饰人体美的两个最基本元素，也是现代礼仪形象的基础。一个人的气质、自信、愉悦均来源于此，你的优雅将与世界的美和谐统一。

第2章 精良的举止

也许，站在属于自己的人生舞台上，没有那么华彩的灯光，也没有太多人的关注，但是，我们的举手投足，如果能彰显出精美良好的举止，那么，属于我们生活的每个镜头，都将定格成亮丽无边的风景。

第3章 精彩的碰撞

世界上不止一个人，也不是哪一个人的。当你的目光与我的目光相对的时候，请给对方真诚的笑容；当你的语言和我的语言交锋的时候，请给彼此精彩的碰撞。从此，你的世界和我的世界，都将不再是寂寞的海洋。

第4章
精致的细节

有那么一些细节，让我们的生命体会精致；有那么一些细节，让我们的心灵感受阳光；有那么一些细节，让我们的世界更加和谐。这，就是细节的力量。

第1章　精美的形象

The Beautiful Image

化妆与着装是修饰人体美的两个最基本元素，也是现代礼仪形象的基础。一个人的气质、自信、愉悦均来源于此，你的优雅将与世界的美和谐统一。

唇是我们脸上最性感的部位。

迷人的唇，得体的吻

美学专家认为，唇是我们脸上最性感的部位，在我们的五官中占据着很重要的位置，它的状况、纹理决定了嘴唇的形状和魅力，而这种形状也影响着我们整个脸庞的美丑。

一位去过国外的朋友告诉我，她刚下飞机就接受了一场热情的吻礼。她的那些外国朋友，有金发碧眼的美女和她拥抱，朱唇从面颊扫过，轻松自然。也有西装笔挺的绅士轻轻托起她的手，吻落在手背上，真诚庄重。这是外国人的礼仪，他们用唇所制造出来的吻，表达着对一个人的欢迎与亲近。

而大部分中国人是不习惯这样做的，因为在中国人的意识里，唇是献给所爱的人的。但不管是代表着爱情的吻还是代表礼仪的吻，它的载体都是我们为之骄傲的唇。

中国的历史上，由古至今，女人的嘴唇是以小为美的，不然怎么会有“樱桃小口”的玲珑美妙？这样的唇型点上一抹朱红的唇彩，已然美丽得恰到好处了。

可如果偏偏长了一张厚而大的嘴唇呢？那也不能说是不幸的，现代的社会包容着很多的个性，千篇一律的东西势必缺乏创意，像索菲亚·罗兰那样有着厚厚嘴唇的女人，也自有一番性感迷人。所以，不管你长了什么样的唇型，精心的妆饰和保养才是拥有完美香唇的关键。

修饰唇部最基础的两个必备品就是唇线笔和口红。对于不同唇型的人来说，可以用唇线笔勾勒出认为不完美的部分，然后或均匀或有层次地涂上口红，你就会发现自己的容貌立刻不同寻常起来。为自己的嘴唇太大而苦恼的人，可以在描唇型时，向内缩 1 毫米，在唇线内涂口红，外侧用暗色系，内侧用明色系，这样嘴唇便多了几分立体感。

涂口红是女人经常做的事情，可想做大方得体的丽人们，是不是也该把一些细节放在心上呢?

比如说唇彩的颜色。红色系是永远的主流，朱唇轻启。黑与白这样的经典有人尝试过，但不是所有的人都能用好，也无法适应太多的场合。再比如说补妆，唇彩经过一段时间以后或许会有局部的脱色，用一张唇彩残缺的唇与人讲话总是不美观的，所以要记得在餐后或是进洗手间的时候为自己的唇修补一下，不过这样的动作是不适宜在餐桌上端着小镜子进行的。而杯子上的口红印、试衣时不小心蹭上的唇彩，这些也都是嘴唇惹的祸哦。

嘴唇惹的祸不少，可用处却也更多，说话、微笑、亲吻、吃东西、吸烟、喝酒，哪一样都少不了它，而如果不注意保养，这样的活动量是极容易产生皱纹和衰老的。

修饰唇部最基础的两个必备品就是唇线笔和口红。

所以，要定期给唇部按摩，多喝水，补充维生素，敷保湿唇膜，尽量少使用口红，避免舔嘴唇这样的小动作。夏天的时候用防晒唇膏，冬天时用滋润唇膏来保持唇部的柔润与光泽，才能展现充满时尚感的唇彩魅力。

还有一句话叫唇齿相依，因此，也不要忽略了牙齿的清洁和保健。对着镜子绽放一个迷人的微笑，唇红齿白，美丽自信，你是去迎接礼仪的亲近，还是去迎接爱情的亲吻?

眼睛——敞开心灵的窗口

作为“心灵之窗”“情感之镜”“智慧之塘”的眼睛，不只承载着眼波流转的魅力，更代表着感情的专注和才情的闪烁，还有，你心灵的真实。

坐在 KFC 的落地窗前，望够了外面的景色，便开始搜索身边的风景。

恰当的眼妆是某些工作和特定场合的基本礼仪。

眼部护理，让明眸更清澈。

一对小情侣相对而视，眼睛里流出款款深情和满满的甜蜜。还有一位雅致的女子，轻轻地啜着一杯咖啡，当然 KFC 里的咖啡杯，端起来肯定不会像咖啡厅里的那般优雅，但是，那幽幽的眼睛里飘出淡淡的怡然，这感觉不知有多舒服。而旁边的那位男士呢，认真地翻着报纸，抬眼瞬间，无限的深邃和明亮竟让人怦然心动。

这是关于眼睛的观察与关注，可前提是你在用自己的眼睛来看别人的眼睛，也许，我们应该偶尔想起，也看看自己心灵的窗口。

看一下自己的眼睛是否浑浊、黯淡无光？是否有黑眼圈、眼袋和明显的皱纹？平时是不是总有挤眉弄眼的习惯？是不是想不起每天涂眼霜？是不是经常化彩妆，眼影是我们出门前的必需品？

面对自己那么多肯定的答案时，是不是心情也黯淡下来了呢？从现在开始改善你眼部的问题，拥有一双光彩明眸也不会是件很难的事情吧？

我们先来说说眼睛的健康。眼睛是一个窗口，透过这个窗口，你可以看到外面的世界如此广阔，反过来，别人透过这个窗口，也可以看到你良好优雅的气质和善良坚强的性格。所以，千万不要让眼睛生病哦，你的眼睛明亮有神，才会有一个窗明几净的开始。注意眼睛的卫生和保健，有异常要及时就医。这不只是美的问题，更是健康的问题。

接下来就是有关眼睛的美化了。恰当的着妆是某些工作和特定场合的基本礼仪，也是对他人的一种尊重。而符合良好仪表的眼妆应该是清雅自然的，不论是眼线还是眼影，都应恰到好处。涂抹的时候，千万不要把眼睛四周涂成黑黑的一片，或是弄得赤橙黄绿青蓝紫色彩缤纷，颜色不宜繁杂，以一种色调为主，辅以其他色调。由深到浅，逐渐过渡，这样会使你的眼睛饱满立体。

白天的风光过去以后，晚上卸妆后的保养便是很重要的环节了。都说女人是从眼睛开始衰老的，这话可绝对不假，二十几岁的时候不注意，三十多岁就皱纹密布了，那是多恐怖的事情。所以从二十几岁开始就使用眼霜吧，就算它不能让你青春常在，至少也可以延缓年龄在你眼睛周围留下的痕迹。

女人对护肤品总是有天生的好感，我们不用告诉你更多的使用眼霜的方法，但请让我们提醒你这样几个误区吧：认为面霜可以代替眼霜；认为只在眼角用眼霜就可以；认为眼霜用得越多越好；认为只在晚上使用，早上不必用。注意这几个误区，早晚使用，适量即可，在眼部的周围轻涂轻按轻拍，坚持保养，你的眼睛才能明眸善睐。

而作为稳重沉着的男士，保证眼睛的清洁明亮，目光的坚定坦荡就好，这本身就是良好的行为举止之一了。

彻底卸除眼妆。

秀出靓丽的黑发

一个人发间的形象，不仅代表着一种健康，更多的也代表着一种美观，而从礼仪的

清爽的秀发让优雅不经意呈现。

角度来讲，它则体现了最基本的仪容美。当你干净清爽的发丝跃然于眼前时，那么，优雅便穿过千丝万缕一一呈现。

很小的时候看过《雪山飞狐》，没记住太多内容，却记住了主题歌里那句歌词——“让青春吹动了你的长发让它牵引你的梦，不知不觉这城市的历史已记取了你的笑容。”每每轻唱的时候，眼前总会出现长发飘飘的女子和纠缠不清的情怀，也会打量电视剧里古代的男子，扎起的一缕发和散落在肩头的青丝衬托着古典男人的阳刚。倏地心就动了。

如果你也心动了，那么就站在镜子前打量一下自己吧。你的头发上是不是油光可鉴？你的头屑是不是总会散落在发丝上或肩头？你的发质是不是较差，干燥易断？你的发型是不是怪异哗然？你的头发或头饰上的颜色是不是极为醒目前卫？你的手是不是总在发间有小动作？

你的答案是怎样的呢？假如大部分都是肯定回答，请开始保养和美化你的头发吧，因为，它是你身体的一部分。

亚麻色的秀发演绎出清新之风。

我想，你肯定也不希望自己的头发未经打理就出门吧，发丝油油的或是摘掉帽子后头发张牙舞爪地飞起来，毛糙得像一堆干草，这便是不经常洗发和不注意护理造成的结果。你也不希望有人坐在你身边不停地吹前额上的头发或是用手梳理头发，白白的头屑落在餐桌上异常醒目吧？

那么，请让我们经常地端来一盆清水或是站在花洒下，让一泓碧波清流滋润我们的每根发丝。洗发是极为重要和长期的工作，可以去除头发上多余的油脂，配合去屑洗发露的使用更可以减少头皮屑的产生，还可以使用护发素来保养头发，让发质更好，飘逸自然。

而且还不要忘记洗后头发的养护，用些护发啫喱或是做些营养护理，你就不会觉得头上顶着一筐干草了。如果在干燥的冬季里必须戴防寒帽的话，脱帽的时候要小心或在洗手间里把头发梳理平整后再出来。

梳头是不可以在大庭广众之下进行的，尤其是在餐厅、会议室这样的场合，经常碰触头发，会给人留下不好的印象，让人觉得你有坐立不安、过于随意之嫌。梳头是一项私人化的活动，要在较为私人的场所完成，切记的是，即使你到街上买一份报纸，也不要让自己蓬头垢面地出门。

至于发型和头发的色彩，是关系到一种个性化的问题，每个人都有根据自己喜好选择的权利。可是，写字间里的白领精英们还是需要有一个得体的发型，因为你要面对的客户，你要完成的工作，需要你有一个稳重大方的形象和色系格调。

而你的头发，自然的黑是完全符合中国人的审美标准的。如果确实想改变一下形象，染染发也无可厚非，只是要把酒红、栗色、棕色作为首选，万万不可选择蓝色、绿色、紫色这样与我们原来发色反差太大的颜色，这也许会让你看起来个性十足，可却独独缺少了优雅，会给人以浮躁之感，况且，职场中的人是不需要太张扬的。

手——身体的第二张脸

简简单单的一双手，却如身体的另一张脸，可以看出青春也可以看出衰老，可以展现美丽也可以暴露粗糙，可以显示凡事无须伸手的优越也可以证明勤于耕耘的坚强。《乱世佳人》里，郝思嘉经历着苦难的庄园生活，一贫如洗，可是为了去见白瑞德，她还是用仅有的绿天鹅绒窗帘做了一身体面的衣服，也尽量让自己的体态和面容如淑女般优雅。可是当白瑞德拿起她的手亲吻时，她看到自己的手竟然好像是一只陌生人的手掌，不是昔日那只雪白粉嫩、长着微微波纹而显得纤弱的手掌。这只手因为干活而变得粗糙，由于日晒而显得黝黑，布满着斑斑点点。是这只手泄露了她生活的窘迫与艰难。

女人，就应该拥有一双漂亮的手，纤纤玉手，细细的手腕，修长的手指，柔软而细腻，这也是一个身体最精致而精彩的部分。所以，我们没有理由不好好待它。

加以保养与修饰的手隐藏了年龄的秘密。

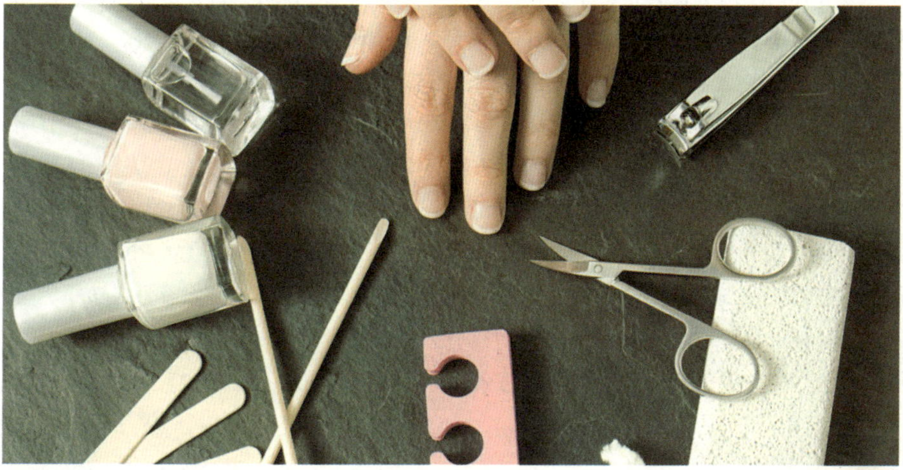

拥有一双漂亮的手，尽显指上优雅。

要心甘情愿地去保养它，学会正确的洗手方法，不宜用过热或过冷的水，不要用碱性大的香皂。常备一支润手霜，每次洗手后及时地涂上，可以补充水分养分，滋养手部的皮肤，使之光洁白皙。记得手套永远是你玉手的保护神，天冷时要戴，阳光太强时要用它防晒，搬东西提重物时用它来抵御对手指的磨损，洗衣服刷碗时让它来阻挡对手部的伤害。闲暇的时候，可以一边看电视一边按摩手指，做做手指操，手指才会变得更加灵活优美。

听过“蔻丹”一词吗？多美的两个字，把它放在手上，也注定是一个美的形象。蔻丹就是我们常说的指甲油，它在女人的玉指上绽放着夺目的靓丽。蔻丹应该是完美的，所以喜欢涂它的女子，请不要忘记时刻检验它的完好，如果你有一双凝脂般的手，可是，指甲上的蔻丹却斑驳残缺，那怎么都不能说是美的。不是美的又怎么会是优雅的呢？

男人的手不适于用漂亮来形容，但却适合于很多其他的表达：干净、宽厚、温暖、有力、结实、粗糙……是带着烟草的阳刚，也是可以阻拦风雨的顽强，有指点江山的豪情，也有执子之手的温柔。

对于这样一双手，也不要忘记打造绅士般的优雅。勤于认真地洗手，及时清除指缝、指甲及指沟里的污垢。细心地修剪指甲，让它的长度适当，洁净自然，男人留着长长的指甲肯定是不甚美观的，简单为美吧。

不经意会发现，与手有关的配饰着实不少。对于男士来说，至多单指佩戴一枚戒指便好，并以质量上乘的婚戒为佳。女士可以选择一两件指部或腕部饰品，但若一手戴着手表一手佩以手链，或是十个手指戴着三四枚戒指，这都不是仪表得体的表现。

好了，绅士淑女们，让自己拥有一双干净优美的手吧，还有举手间的优雅、握手时的从容、牵手时的浪漫，即使是分手，你也可以华丽地转身，挥手，远走。

“妆”点魅力容颜

不管你喜不喜欢化妆，都应该掌握化妆的步骤与技巧。因为，良好的妆容不仅会让自己更秀丽，而且也是对别人的一种尊重。对于职业女性来说，这更应该是不可忽视的内容。

周一的早晨，与其他的早晨没什么两样。可是，职业女性还是会比平时起得早一点，因为周一对于多数公司来说都有一个例会时间。而白领丽人具备得体的妆容、自信的表情是非常重要的，多花一点时间仔细检验一下自己的着妆没有坏处。

职业妆是我们最常用和常见的妆容。它的特点应该是简洁不多余，塑造的形象精明干练，体现出职业女性的成熟与知性。

面对化妆镜前一字排开的瓶瓶罐罐，我们不要忘记查看一下自己的肤质。肤质的好坏对妆容的影响不可忽视，因为脸蛋的中心部位是视觉效果最强的地方，如果鼻子周围的粉涂得太多或者面部泛油光的话，美丽容颜当然就会大打折扣，反之，如果有一个较好的肤色和肤质，上妆也会比较容易。所以平时保养出一个好的肤质也很重要哦，它可是上妆的基础呢。

一般在打完粉底后，还要考虑整个脸部的立体感，鼻梁、眼头附近打上了阴影，才可以让表情更加生动活泼。

而眼妆也是极为关键的，它可以增加一个人的神采，所以应尽量避免眼部的彩妆太过浓厚，否则将使双眸失色。上眼妆时要记得保持眉毛与眼睛之间的完美比例和平

成为色彩魔术师。

衡感。颜色上应该清雅自然一些，明亮的咖啡色系眼影最适合东方女性。

轻盈自然的腮红效果，会让女人的双颊变得粉嫩光彩，笑起来美好迷人，所以画腮红的时候，可以试着混合接近于肤色的两种粉红色，重复涂在产生阴影的颊骨上。虽然看起来淡淡的，却可以显出脸部的立体感。

口红就像一支魔术棒，可以让你化身为优美丽人。美化唇部时，要考虑自己的肤色和脸形来选择口红的颜色，可以用唇线笔勾出理想的唇型，然后或均匀或有层次地涂上唇彩。

这是一个职业女性得体而基本的妆容，是工作前不可忽视的细节，而如果白领丽人们事业忙碌，没有太多的时间精雕细琢的话，可以尝试一种清新透明的自然妆，这种妆容只须在早晨保养后，为自己上一层轻薄的粉底，其余的可以借助眼、唇、颊三种彩妆品来完成，保证十分钟便可以点出一个优雅的职业形象。而它的要领就是，底

妆要打得薄，粉底必须用手指细细推匀，尽量做到薄而干净，其他部位的彩妆便会很容易涂抹了。

晚上，丽人们离开办公室后，或许会接到好友的电话相约去逛街喝咖啡，或许会赴男友的约吃饭看电影，这样的约会通常是轻松浪漫而温馨的，你的妆容当然可以尽展女性的柔媚与个性，可以涂上娇嫩的粉红色，也可以使用冰凉的淡蓝色，最重要的是，此时你有一种可以涂抹任何色彩的心情。

周末的时候，总会有一些公司聚会、好友宴会、客户宴请这样的场合等着你吧？而在宴会中有一个高雅的妆容是很必要的，要足以吸引他人的目光，突出又带有排他性，塑造高贵雅致的个性形象。打底色时可以涂含有金银粉的粉底，可以使用假睫毛、睫毛膏，可以用大红色的口红，可以强调“脂粉”的感觉，总之这是一个比较适合于浓妆的场合，灯光打在脸上时，你应该像个公主一样高贵、迷人、性感而醒目。

终于赴完所有的应酬，回家后的身体是疲惫或兴奋的，不过无论怎样，都不能忘记彻底卸妆，让肌肤有一个休养生息的机会吧。首先要卸掉眼部及唇部彩妆，使用专用的卸妆产品，然后指尖以画圆的方式轻轻将卸妆产品涂抹于全脸，以溶解残妆，最后用面纸轻轻擦掉。还有，卸妆过后别忘了洗脸，才可以将污垢全部赶出来，还原一个水水嫩嫩的肌肤环境。

从素面朝天到精致雕琢，从不加修饰到倾城倾国，只有女人，才可以演绎出如此的美丽与自信，丰富与璀璨。但愿精彩美妙的着妆，可以让天下所有的女人“化”茧为蝶。

玉树临风VS亭亭玉立

喜欢用杨树的挺拔、稳重来形容男人，喜欢用柳树的柔美、灵动来比喻女人。当我们看到杨柳依依的时候，眼前定会有一片赏心悦目的绿。

去报社工作的第一年就碰上了一次军训的机会，地点是某部队驻地。只有短短的两天，可在那两天里，我们面对的是身姿挺拔的军人和他们标准的形体里所传递出的阳刚坚韧的气质。我第一次看到那么多军人，跑的时候，坐的时候，站的时候，走的时候，整齐划一，简洁严肃。

回来时再看身边的男人，有发福的，有驼背的，有无精打采的，也有苍白憔悴的。

稳重象征男人，灵动比喻女人。

坚持瘦身并成功的人是自信的。

当然，我们无法用军事化的标准来要求每个写字间里的男人，可是挺拔是一个多有男人气概的词语，没有一个男人不希望自己像棵白杨树一样高大挺拔，玉树临风。

这是一个公平的年代，男人们在评判女人燕瘦环肥的时候，是否也想过女人同样也在用挑剔的眼光来审视男人？

办公室里的精英，不仅该具备精英的头脑和智慧，还应该具备承载这种智慧的健康的身体和健美的身形。对于现代的男人来说，匀称应该是衡量健美的首要标准。肩宽、腿长、背部挺拔宽阔、肌肉紧实有致，透着健康、力量、阳刚、沉稳。虽不必像施瓦辛格那样肌肉纠结和过分发达，可也不能任一身松松垮垮的肥肉横向发展。

所以，有规律的健身是男人保持魅力的法宝。健身会馆里的力量训练、肌肉训练，游泳、打球、跑步都是很好的健身方式，别做文弱型的书生男人，做个运动型的阳光男人吧。

绅士们拥有了健康的体魄和完美的身形，才可以在商场上挥洒自如，在女人面前洒脱

在以瘦为美的今天，女人都想追求一个魔鬼般的身材。

自然。

而女人，轻盈地走过来，婀娜多姿，巧笑嫣然。

在以瘦为美的今天，女人都想追求一个魔鬼般的身材，但请不要忘记健康永远是第一位的。现代女性的健康标准是：有适度的肌肉，健康的体魄，具有整体上的匀称丰满，并体现女性曲线美的形体，有红润光洁的皮肤和端庄优美的姿态。

而对于形体标准来说，标准的体重，是以身高减 100 再乘以 0.9 计算的，上下身的比例，以肚脐为界，为 5 ∶ 4，三围的标准是，身高 ÷2= 胸围、胸围 −20= 腰围、胸围 +4= 臀围。

如果你的身形实在远远超出了这样的标准，那么，真的该为了女性的健康和美丽而健身了，上天赋予女人那么多美的权利，我们不应该放弃任何一个，这不只是美的问题，还是优雅的问题，更是良好仪表的基础。

所以，瘦身不只流行在当今，而会永远地流行下去。一个坚持瘦身并成功的人是自信的，她会有年轻的身体、振作的精神和焕发的神采。而瘦身最安全可靠的方法就是合理膳食和规律运动了。在饮食上控制糖分、油脂和脂肪的含量，多食粗纤维、蔬菜和水果，注意每餐的合理搭配，才可以吃出一个玲珑的身体。

运动的方式有很多，只要不做懒女人就好。用步行代替乘车，以爬楼梯取代乘电梯，像美少女一样在球场上奔跑，做条美人鱼在碧水里徜徉。现时流行的瑜伽也是一种很好的健身术和修身术，它会在帮你塑造优美曲线的同时，提升你的气质，让你心境变得平和自然，既修身又养生，是都市白领繁忙生活里最好的放松。

从年轻的时候开始，就学习做个亭亭玉立的美女吧，不要等到四十岁以后，在与衰老抗争的时候还要去对抗肥胖。

优美身材的女性与健美身形的男性平等地站在一起，这便是天地间最和谐的美。

暗香浮动

很想讲出那些香水的经典和佳话，关于夏奈儿 5 号、关于迪奥的毒药、关于娇兰的轮回、关于雅诗兰黛的朱红、关于三宅一生的一生之水，可是，我最想说的却不是这些人造的香氛，而是属于一个人身体所散发的最本质的香，它大多来自于你沐浴后的残留。

身体散发的最本质的香，是干净而不加修饰的，它属于女人也属于男人，一个清洁的身体和清新的味道，不经意地便显示出最基本的礼仪和优雅。所以，让自己的头发上、身体上、衣服上，都能有干净淡雅的气息吧。

淡雅的气息。

闻香识女人。

然后我们再来说说“闻香识女人”，再来讨论一下“不用香水的女人究竟有没有未来”。

香水的诱惑是致命的，无论对女人，还是对男人。女人为香水本身而着迷，男人则为洒过香水的女人而沉迷。

既然“女人与香水的关系如同女人与镜子的关系一样永恒”，那么，作为女人，选择适合自己的香水并懂得正确的使用方法尤为重要。

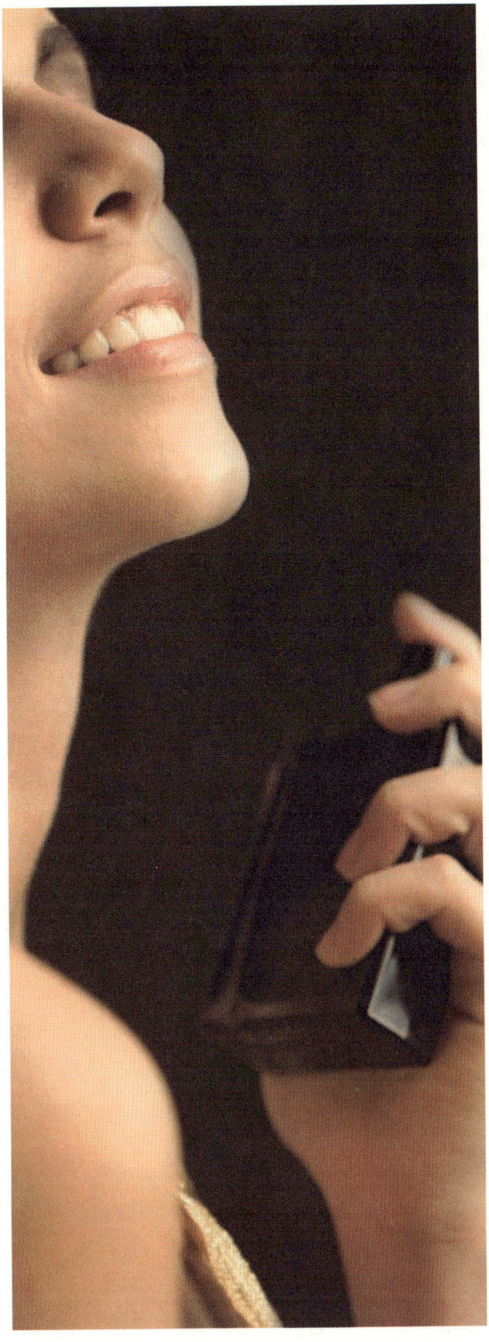

仅仅“适合”一词，便会牵扯出很多的方面，要适合场合、时间、气质等等。“喜欢”可以是简单的思维活动，而“适合”就是复杂的实际行动了。可是不管怎样复杂，女人对香水总是有着无比的耐心的，也应该有这样的耐心。

在工作场合，应使用清新淡雅的香水，可以增添职业女性的优雅气息，你只消拿着文件轻轻走过，身后的空气竟都是迷人的。在休闲场合，可以根据自己的喜好选择或浓烈一些或淡雅一些的香水，从而突出一下自己的个性。不过，需要注意的是，不要浓烈到相距一米外都可闻到，那是一种很俗气的做法。在私人亲密的时刻，性感诱人的幽香会让本就浪漫的气氛更富情调，这一刻，你的身体和你的气味都是属于你的爱人的。

另外，在白天或夏季应以清淡的香水为主，而在晚上或冬季，适于增加浓度。

香水是有自己的性格和情绪的，所以喷洒时注意一些小细节没有坏处，只会让你在对待香水时更加游刃有余。

使用浓烈的香水时最好用喷式的方法，并把握喷雾的距离，大概距离身体一条胳膊的长度，然后在刚刚喷过的香雾里待两三秒钟左右，就能很好地沾取柔和的香气了。最好不要对着颈部和耳后猛喷浓烈的香水，这会让你的味道很刺鼻，增加别人的反感。

喷洒香水时，要均匀而淡薄地喷在手腕、耳后、颈项两旁、手臂内侧等处，不可对准一个地方大量地喷洒，也不适于刚刚喷完香水就跑去见人，最佳的喷洒香水时间为出门前 20 分钟左右，因为这个时间香水味散发得最好。

香水一般是不喷在头发上的，发间洗发水的清香就足够了，混合了香水的味道反倒不好。如果你实在想让发丝也香气袭人的话，就把香水喷在手上，然后用手轻抓几下头发，香气自然就会传递过去，不要直接喷在头上，这样的做法实在不够含蓄婉约。

各款香水都是有自己独特的味道的，所以，切忌将两种以上的香水混合使用，因为不同的香味之间可能发生冲突，产生一些意想不到的味道变化，有时所产生的味道着实不好闻。

香水是女人的最爱，却不是女人的专利，男士也可以使用香水，只是，味道要更清淡，若有若无的感觉便是最高境界，凡是有身份有修养的绅士，大多喜欢温馨完美的木质香型。古龙水的香味清淡而简单，是极适合男性使用的。

但并不是所有的男性都喜欢带有香水味，大多数男性都偏爱烟草香，烟草香有时会让男人更加性感成熟。

男人吸烟是应该讲究姿势的，要像个绅士一样端端正正地拿烟，不可如痞子般斜叼着烟头，实在有失优雅。而且，男人也不要为了这种烟草香而过量吸烟，损害了健康和身体就不划算了。

男人只要有着干净的阳光味道，清新的香皂味道便已很好，这种香是健康的、完美的。

如果你是绅士的、淑女的、优雅的，就保有属于自己的那抹魅力气息吧。

暗香浮动月黄昏。

服装展现的品位生活

没有几个女人可以像赫本一样美丽，也没有几个女人可以像她一样优雅，更没有几个女人可以如她一样幸运。赫本是幸运的，她有一个大名鼎鼎情深义重的服装设计师心甘情愿地为她量体裁衣。而同样作为女人，即使我们一辈子也没有这样的殊荣，可是我们要有一种这样的心情，把自己的身体交给适合我们的服装，相信它会让我们更加自信

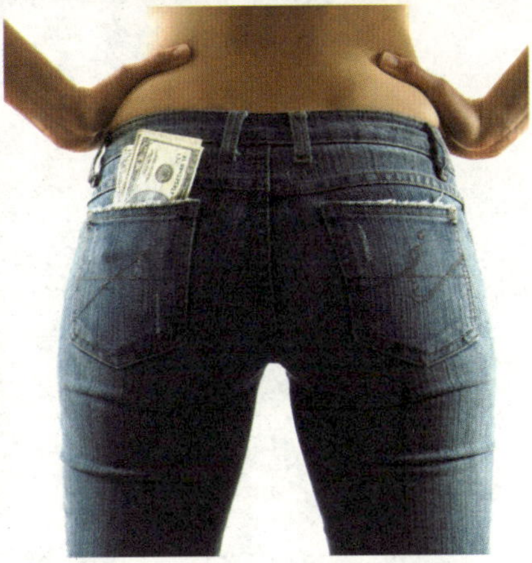

女性谈起衣服就像在谈一个永恒的话题。

和靓丽。

一个儒雅俊朗的男人和一个绝世美丽的女人，他们的关系用什么样的方式可以维持 40 年，却还能保持最初的激情与欣赏？纪梵希与赫本用一生的时尚佳话告诉我们：让他做她的裁缝。纪梵希为赫本做了一生的衣服，直到她去世。他为她设计的小黑裙在经历了那么多个春秋以后，仍然是时装界最为经典的设计。

云想衣裳花想容，春风拂槛露华浓。

内衣不但是女性的贴身之物，也是女性的最后一道防线，它虽然不是展露给外人看的，可是自己却不能忽视内衣的存在。从舒适的角度说，纯棉面料是熨贴的；从美丽的角度看，丝质面料是风情的。不管你选择哪一类，都要以它的合体作为标准，大小正好，松紧适度，你的身体才没有负担。而且也要根据自己的体形来选择内衣的样

式，夏天的时候，内衣的颜色要与外装相协调。

而对于外衣的选择就像外包装一样更应该慎重。最基本的着装原则是根据自己的特点来搭配服装。有的人是豪爽的，有的人是温柔的，有的人是开朗的，有的人是恬静的，所以把握自己的特点才最重要。服装要忠于个性，衣着是你的发言人。不要过分地追求时髦，流行也不可能是永远。所以，我们要根据自己的职业、身份、年龄、身材和气质来着装。

对于一个优雅的女人来说，应该拥有一些必备品作为理想服装。比如深褐色的呢裙、纯色的羊毛衫、色彩明快的外套、黑色的绉纱裙、轻柔的羊毛套装、舒适的棉布裙子、凉快的亚麻裙、正式的职业装、华美的晚礼服、质地优良的睡衣等等。

如果你是一个全职太太或是居家女子，也同样不要忽略了着装的重要。因为不管在哪里，你都应该是神采飞扬、得体优雅的。整天蓬头垢面、衣衫不整地待在家里，渐渐地也就失去了美丽的动力和年轻的心情。这是一种堕落，也是一种不自爱的表现。当一切都习以为常了，有一天，即使你想美丽也美丽不起来了。因此，在家里的时候，也为自己打扮出清新迷人的着装风格，反而由于时间的眷顾，你一定可以比职业女性更加优雅。

女性谈起衣服就像在谈一个永恒的话题，微微浮起的笑容，淡淡于脸上的憧憬，目光里美好的渴望。也许你不曾注意到，你曾经的渴望正服帖地穿在自己的身上，温柔着你的心，温暖着你的身体。

套装——职业女性优雅的标签

穿梭在写字间里的白领丽人，总是展现着独有的干练和优雅，淡色的职业套裙，半高跟的皮鞋，走路时的从容，微笑时的自信，这是服饰所传递的语言，它让一名职业女性在职业装里尽情舒展。

现代职业女性会十分注重服装与自己所从事的职业的协调性，要端庄稳重，既体现职业女性的气质，又不失女性迷人的魅力，才是上佳之选。因此，最适合办公室穿着的服装依次为：套裙、西装或裙子配以上衣、西装配短外套。可见，套裙简洁流畅的特点是极符合职业女性刚柔并济的特质的。

从面料上来看，套裙最好选用纯天然质地的面料，而且质量上乘非常关键，这样的服装摸起来手感会特别好。而且还要注意服饰的平整熨帖，不起皱、不起毛、不起球、不变形的面料才是优良的面料。

选择套裙时，应讲究朴素简洁、大方得体。

在色彩的搭配方面，套裙的基本要求是，应以冷色调为主，这样才有利于体现职业女性的冷静、端庄和稳重。在颜色的运用上不宜过多，一套套裙的全部色彩最多不要超过两种，五彩缤纷的色彩组合会破坏典雅的气质。

选择套裙时，应讲究朴素简洁、大方得体。一般来说，职业女性在正式场合所穿的套裙最好不要带有任何图案和花纹，有图案变化的服装往往给人以眼花缭乱、杂乱无章之感。而且也不要有过多花哨的点缀，绣花、金线、花边、亮片等都不适合点缀在职业套装上，要避免低俗和琐碎。

女人总是热衷于逛街买衣服的，反复地试穿比较也不厌其烦。购置职业套裙时，更应该谨慎地试好。穿着过瘦或过短的裙子对职场女性来说必是不礼貌的，可裙身如果太长了，也会给人无精打采之感。所以，职业套装的尺寸要求应该是：上衣不宜过长、下裙不宜过短；上衣不宜太短，裙子也不可太长；既不可过于肥大，也不可紧贴身体。听起来像绕口令一样，可穿起来你就会发现，这才是优雅合体的服装。须注意的细节是，上衣的袖长以恰好盖住手腕为好。

职业装不像T恤衫、棉布裙那样可随意套在身上，轻松自然。它是职业女性的正装，必然要端端正正地穿在身上，举手投足间不可有半点闪失。穿上衣的时候，要把

干练和优雅。

领子完全翻好，衣袋的盖子要拉出来盖住衣袋，里一个外一个的会很不雅观。扣子要全部系好。不允许将上衣披在身上或是搭在肩上，不能当着别人的面随便脱上衣，即使里面有得体的衬衫也不可以。裙子要穿得端正，上下对齐，拉链处要处理妥当，并保证其应有位置的固定。

衬衫与套裙的关系就像咖啡和伴侣一样，它已渐渐成为职业套装的一部分。在穿着时要注意衬衫的下摆必须掖入裙腰内，悬于外面是不合宜的。扣子要一一扣好，除最上端的一粒纽扣按惯例可以不系外，其他的纽扣均不可随意解开，以免别人产生误解或不良印象。

职业女性永远是自信而优雅的，而职业装用它特定的服饰语言告诉每一位职场上的女性，稳重地应对你的上司、平和地面对你的下属、从容地接待你的客户，因为你身上有一张优雅的标签，写着——职场丽人。

西装——成功男士稳重的名片

在各行各业中扮演重要角色的职业男性，如何着装，则是体现风度、优雅、稳重与否的关键。西装笔挺的男人会在职业交往中充满自信、大方得体、沉稳朴实，给人以信任和信心，从而也有助于事业的发展与成功。

很喜欢那个广告设计，画面深沉、稳重、精彩、感人。主角是一个男人，却表现着他不同的方面，有对待孩子时的温情，有深夜挑灯工作时孤单的身影，有商场上成功自信的握手。广告词一句句地打出来——男人不会只有一面：男人的温柔面，男人的英雄面，男人的孤独面，男人的领袖面——今天，你要秀哪一面?

这是七匹狼男装的广告画面和文案，我们看着一个成功男士的成熟衣装，想着他工作和生活中的每个细节与瞬间，心是温暖的，也是安全的。

所以男性应该注重自己的着装。男装虽然不像女装那般千变万化，但它无时无刻不体现着一个男人的身份与品位。

男性首选的职业装便是西装。西装是一种国际性服装，公认是男士的正统服装。所以，战斗在职场上的男士应该具备两三套质量上乘、合身合体的西装。

男士在选择西装的时候，要充分考虑自己的身高、身形、肤色、气质等。如身材较胖的人不宜选择瘦版短西装，身高较矮者也最好不要穿上身较长、肩较宽的双排扣西装，

展现迷人的绅士风度。

沉稳朴实。

这样可能会使穿着者看起来更显矮小。总之，很好地避免自己的不足，才可展现出风度翩翩的绅士形象。

作为正式礼服用的男士西装，其品质是很重要的，它代表着一个男人的身份和优雅。所以，面料一定要上乘、挺括，不能皱巴巴的一团糟还自认为休闲。在颜色上可采用深色，如黑色、深蓝、深灰等，来体现男性的深沉稳重。

与西装搭配的衬衫也是不可忽视的。一般来说，深色的西装要配以白色的衬衫，而且要保证衬衫的干净平整，领子和袖口是最容易脏的地方，每天清洗熨烫才能在举手间尽显自信和魅力。另外，衬衫要掖在裤子里面，领子不要翻在西装外，衬衫的袖子要长于西装上衣的袖子。

领带是穿着西装时的必备品，要注意的是它的颜色、花纹和款式要与所穿的西装相协调。面料以真丝为最佳，质地要优良，体现出绅士的良好品位。

拥有了优质的西装后，穿着时体现男性魅力的气质才是重要的。因此不能不注意以下的一此细节：

西装里不宜穿过多的衣服，衬衫是必要的，衬衫里面只可以有背心，再多的衣物就是多余了。如果天气很冷的话，可以在衬衫外加件毛衣，但毛衣一定要紧身，而且不可暴露于西装领口外。

西装上衣可以敞开穿，不经意间便展现出男人的潇洒，但双排扣西装上衣一般不要敞开穿，扣子要全部扣上。在扣西装的扣子时，如果穿的是两粒扣西装，不要把两个扣子全部扣上，只扣第一粒，也可以全不扣；如果是三粒扣西装，只能扣中间一粒或全不扣；如果一粒扣西装，扣与不扣均可；如果穿三件套西装，则应扣好马甲上所有的扣子，外套的扣子不扣。

另外，西装的兜内，不宜放东西，如果像个百宝箱一样应有尽有、鼓鼓囊囊，着实有失绅士风度。

西装是男人身份的象征、成熟稳重的名片，你拥有了这张名片，便拥有了运筹帷幄的气度，驰骋职场的自信，还有女人的眷恋的目光。

你秀的，是男人最优秀的一面。

丝巾演绎的颈上风情

丝巾滑过指尖的感觉，像温柔的风拂过面颊，像清凉的水流过心底。女人如凝脂般白皙的玉颈上，静静地开出或典雅或奔放的花来。

曾看到过一个女孩儿在商场里一口气买了八条丝巾，长的、方的，简洁的、带流

丝巾是飞扬的青春。

苏的，淡雅的、明艳的，她把一条淡蓝色薄如蝉翼的丝巾挽在颈间，脸上有婉约的气质，而其他的，在一个时尚的手袋里，拥挤成绝对的风情。我知道，丝巾是她的钟爱。

很多年前，有一个男孩轻轻撩起女孩的长发，再拨开她颈间缠绕的丝巾，他轻抚着她玉颈上浅浅的伤痕，眼里有无限的疼惜。她把丝巾拉好，忧伤地看他的眼睛。我知道，丝巾是伤痕的掩饰。

如今，很多年轻的女子，把丝巾折折叠叠成发带，从额前向脑后系去，宛如发间飞出的一只彩蝶。或是将丝巾与发丝温柔地编在一起，俏皮而靓丽。我知道，丝巾是飞扬的青春。

在职业化的写字间里，白领丽人们把与端庄的职业装相配的丝巾，恰到好处地系于颈间，那抹柔和与妩媚给严肃干练的职业形象打出一圈刚柔并济的魅力光环。我知道，丝巾是女人颈上独有的风情。

所以，美丽的女人多备几条丝巾吧，你的生活里一定会有搭配它的场合。

如果你穿了一件浅灰色的薄毛衫，浅灰色的西裤，再配上一条纯白的丝巾，定会衬托出清纯如水、婉约可人的气质。如果你在工作时穿了一套蓝灰色简洁稳重的套裙，那么配一条色彩浓郁些的丝巾，会使人显得生气勃勃、神采飞扬。如果你喜欢穿红色的服装，在领间系一条黑色别致的丝巾，便可以压住红色的刺目，还会显得皮肤更加

色彩浓郁些的丝巾，会使人显得生气勃勃、神采飞扬。

丝巾起到协调整体搭配的作用。

白皙，展现了良好的色彩感。

丝巾的色彩除考虑服装的搭配外，还应根据每个人的脸部肤色来选择。一般来说，肤色白皙的人宜选用浅红、淡蓝、银灰等浅色调的丝巾；肤色深一些的人则宜选用浅咖啡色、浅黄色、深藏青色、深咖啡色之类色彩的丝巾，这样会让你的整体色调更协调。

丝巾的系法有很多种，爱美的女孩如果有兴趣可以潜心研究。不过，即使你认为自己的手没有所希望的那样灵巧，或是没有耐心系来解去，可也有必要掌握几种最基本的丝巾系法。

肩式：丝巾对角折成三角形，使直角位于左臂处，两锐角用一丝巾扣固定在右肩位。与直身收腰裙、短裙搭配，是身材好的女孩不错的选择。

挂肩式：将丝巾对折成矩形、沿矩形对角线折成山形，从肩部稍下位置围绕至胸前打结。如果再配上彩色的花饰或别针作为点缀，端庄华贵的韵味便会一跃而出。

围脖式：丝巾对角折成三角形，直角朝前，两锐角从颈后绕过，再到颈前打结，整齐划一。在办公室里这样系，给人以干练利落的感觉。

蝴蝶式：将丝巾对角折成三角形，披在肩部的两边角，然后在胸前打一个蝴蝶结，把结稍稍隐藏。藏而微露，温婉可爱，清雅纯情。

女人，应该对自己好一点。任何的女人，都需要有一个美丽的心情和无数个美丽的元素，你的行为举止正是透过这些美丽，才变得更加优雅。

领带展现的领间风度

但凡好太太总有一个这样的标准：清晨，认真地为先生穿好西装外套，细心地打好领带，递过公文包目送他出门。很多男人可以有这样的幸运，带着太太为自己制造的美妙心情，走进办公室，开始忙碌的一天。

与西装相陪的生活，大多也是离不开领带的。商务男人的正统服装便是西装，而西装的重要配饰非领带莫属，因为它展示着一个成熟男人衣领间最优雅的风度。

正确地打领带和选择领带，本身就是一种礼仪的表现，也是男人的服饰文化。

学会为他打领带，让清晨洋溢幸福与甜蜜。

领带，是男人的服饰文化。

选择一条优质合宜的领带，是要从面料、色彩、图案、款式等几个方面来考虑的。

制作领带最高档、最正宗的面料是真丝，所以，把眼光放在有品位的真丝领带上，才符合高雅的审美标准。其他用尼龙、棉布、麻料等制作的领带是不适合在正式场合使用的。

在颜色上，单色的领带才适用于公务活动和正式的社交场合，并以蓝色、灰色、黑色、棕色最受欢迎。多色领带一般不适于正式场合，而且颜色也不可过多，三种已为上限了。

图案的存在会给领带增添很多的变化，但用于正式场合的领带，其图案应该是规则的、传统的，最常见的有斜条、横条、竖条、圆点、方格以及规则的碎花，它们大多有一定的寓意。图案过于怪异神秘或者杂乱无章的领带是不适合正式场合的。

款式上，下端为倒三角形的，各种场合都适用，也是非常传统正规的。而下端为平头的，则看起来比较时髦，多用于非正式场合。

拥有了一条适合自己的领带后，让它完美地存在于你的衣领间就是我们日常所关心的问题了。因此，就涉及到了如何打领带。

领带打得好不好，关键在于领带结打得如何。所以在打领带结的时候要打得端正、挺括，外观上呈倒三角形。在收紧领结时，可有意在其下压出一个窝或一条沟来，这样看起来会更加自然美观。领带结的大小应该与你同时所穿的衬衫领子成正比。

而领带的长度，通常为 130 ~ 150 厘米。领带打好后，外侧应略长于内侧。其标准的长度，应该是下端正好触及腰带扣的上端。领带如果过长，甚至从西装上衣的底襟下露出来，那都是极不雅观的。

一般来说，领带的位置是处于西装上衣与衬衫之间，只要记住，领带是扎在衬衫的领子上的并紧贴衬衫就好了。

有些人喜欢在领带上佩戴领带夹，但要注意领带夹的位置。其正确位置是，在衬衫的第四粒、第五粒纽扣之间。而且领带夹的基本作用是固定领带的，其次才是装饰。所以要把领带夹连同夹好的领带一起固定于衬衫上，不可以只夹着领带，任其随领带乱摆。如果你认为没有必要用领带夹，大可以不用，不经装饰的领带，本身就是一种美。

领带以它长长的身体和端正精致的结，充分展现了男人的风度和魅力。当你端坐于办公桌前，它也规整庄重地展露于你的领间；当你打开西装扣子疾步而行时，它也会随风轻动；当你感觉疲惫压抑时，不经意地转动一下领带，转与动之间散发出迷人的男性气息。

只是不知道你有没有想过，领带也是男人的一个底线，所以不要轻易地解开领带，随手乱放，到处乱扔。即使有时你感觉很热，也不能把稳重的男人形象打碎。你需要在一个私人空间里，解开你的心扉。

与色彩的约会

女人，因为化妆而靓丽，因为服装而迷人，因为饰品而耀眼，但这一切如果失去了颜色，任何的优雅与美丽便无从谈起。色彩，是唇上娇羞的红，是身上沉静的黑，是指间闪光的白。色彩，是一个人的风格、品位与涵养。

提起色彩，也许首先想到的是什么颜色的彩妆，什么颜色的服装，什么颜色的皮包鞋子，其实，我们最先想到的应该是属于自己的“身体的颜色”，每个人都有与生俱来的色彩属性，这是后天不容易改变的。

了解了自己的色彩属性后，才能根据自己的特点来搭配装饰，找到与我们身体相和谐的色彩。

小麦色的皮肤选择色彩浓烈的衣饰最能突出开朗的个性。

我们的生活是离不开服装的，但服装却又是为身体服务的，依照肤色的情况来选服装的人是最聪明的。以下是一些搭配的小窍门，希望你在着装上可以越来越聪明。

肤色白皙的人，选择服装的范围比较广泛，深色、浅色、冷色、暖色全部适合，很难找出不适合她们的颜色。这种肤色的人是幸运的，如果你拥有这样的皮肤，那还等什么呢，到商场里去选购自己喜欢的服装吧。

肤色偏黄的人，适合穿浅黄色系，可将偏黄的肤色衬托得洁白娇嫩。但却不适合穿蓝色、紫色的服饰，它们会让脸色显得更黄。

肤色较黑的人，应该选用浅淡明快的服装，如浅黄、浅粉、月白等色彩，不宜选用黑色、深红色、大红色等颜色较深的服装，这些色彩会使人的脸色更加灰暗。

肤色红润的人，虽然拥有着良好健康的气色，但在着装上要注意，不适合穿茶绿、墨绿等绿色的衣服，因为红色与绿色的对比太强烈，反差太大，会给人一种“红配绿”的俗气感。

每个人大概都有自己喜欢的颜色，可不是所有的人都能按照自己的喜好来选择颜色的搭配，在不同的场合里，适合远远比喜欢更重要。

职场里的女性，要注意色彩的深沉、雅致、平和。黑、白、灰是经典的，但浅黄、浅蓝、驼色及中性一些的紫色、红色也是职业装不错的选择，它们有助于给你和别人都带去一种愉快的心情，适度地增加了亲切感和沟通意识。

作为参加聚会的礼服，应该是充分表现靓丽与时尚的。可以大胆地使用金色、银色、正红色、紫色等色彩，会让你有无限的高贵、风情和迷人。只是需要注意的小细节是，你穿的礼服不应该比主人的服装更华美，喧宾夺主的打扮会让你不太受欢迎。

休闲装的颜色，基本上可以根据自己的喜好来选择了，只是小小地注意一下肤色和体形的特点就好。比如比较丰满的人不太适合极浅色的服装，这就是为什么“胖人穿白会显更胖，而穿黑会显苗条”的原因。

肤色白皙的人，选择服装的范围比较广。

服装的选择影响人的心情。

色彩是有语言的，也是有性格的，希望每个人都可以找到与自己肤色和气质搭配和谐的色彩群，带着属于自己的色彩属性美丽着、妖娆着。

眼镜——给气质镶个框

很多近视的人总希望有一天能够摘掉眼镜，而某些不近视的人却偏偏凑热闹般戴副平光镜来扮斯文。可见，眼镜发展到今天，已不只是视物的需要，而开始作为装饰的需要而存在了。

经常用眼的人视力往往容易出问题，眼睛看不清东西了，才不得不去配副眼镜戴，配眼镜时，实用是基本条件，要度数适合，才能保证视物清晰，视力不容易发展。其次，美观也是它的附加条件，所以要充分发挥眼镜的装饰功能，从自己的实际需要出发，对眼镜的造型与色彩作一番设计与选择。

佩戴眼镜要考虑自己的体形。身材矮小的人适合戴浅色、金边、无底边、细边框的眼镜。身材高大者，宜选择有色彩、宽边或偏大的眼镜。身材清瘦的人，戴浅色、细边框的眼镜较合适。

镜框与头发的颜色要相协调。

佩戴眼镜时也要考虑头发的造型，由于眼镜在面部占据了一定的空间，如前额头发过多或刘海过厚、过长，容易在视觉上造成沉闷感。而且，镜框的颜色与头发颜色要协调，不宜形成太大的反差。如灰白头发的人，比较适合佩戴浅色金属镜框。

男士佩戴眼镜尤其应该注意与整体服装色调的搭配与统一。

试戴眼镜时要注意观察，眼镜的上边框最好能与眉毛重叠，以免形成“四条”眉毛的感觉。

从肤色上来讲，肤色深的人，不适宜戴洁白的镜架。肤色白的女子，如配上淡红色的镜架，可增加活力与生气。

在眼镜一天比一天强调装饰性的时候，佩戴者更要注重保证它的清洁美观。任何镜腿松动、镜架镜片留有破痕、镜片不干净等情况，都是有失优雅得体的。要及时发现问题及时解决，勤于擦拭镜片，世界也会更加清晰。

不喜欢鼻子上总架着镜框却又近视的人，可以为自己准备一副隐形眼睛，它不会破坏你的脸型结构，在进行某些体育锻炼的时候也非常适合。在正式场合，它也是比较安全稳妥的。只是要注意佩戴时的眼卫生，按照佩戴隐形眼睛的规则来执行，才能戴出一双清晰明亮的眼睛。

夏天的时候，为了避免阳光的辐射，可以选择一款太阳镜佩戴。但前提是要在外面的阳光里，在没有阳光的地方戴副大墨镜，怎么看起来都是不受人欢迎的。

最后，不同样式眼镜的选择也可以体现不同的个性，做做下面的测试，来测试一下自己的潜在性格吧。

通常，你喜欢哪种样式的眼镜呢?

A. 圆框形的眼镜。 B. 蝶形框的眼镜。C. 方框形的眼镜。 D. 椭圆形的眼镜。

选择A的人：行事从容不迫，举止优雅，秀外慧中。表面文静秀雅，内心却热情似火。具有爱恨分明的勇气和不顾一切的积极性，做事拿得起，放得下，是很受欢迎的人。

选择B的人：感情丰富，有时孤芳自赏，有时又满含风韵令人沉迷。除了外表、气质，你的体贴细致也是吸引人的地方。不过，做事不要急于求成，有耐心才会有收获。

选择C的人：个性独特的你，自信而有些顽固，对于决定要做的事，能排除万难做到满意为止。你这种性格通常给人稳妥踏实的印象，同事和上司会十分信任你。

在没有阳光的室内不宜佩戴大墨镜。

选择 D 的人：注重现实的你，不管对人还是对事都一样认真、投入，虽然看似缺乏灵气，却是个绝对可靠的人！只是希望你能再活得洒脱一点，有些事情放开了，才会有更好的效果。

有个性的镜框会成为人们目光凝聚的焦点。

饰品装点的璀璨世界

首饰与服饰一样，需要精心地挑选和搭配，搭配好了就是点睛之笔，搭配不好就是画蛇添足了。请用你的耐心和品位、爱心与审美来挖掘它，因为它装点了你，你装点了世界。

古代的女子，总是有着古典的风韵，这风韵来自于长袖善舞，来自于玉肌凝香，来自于云鬓花黄，更来自于环佩叮当。

这环佩的声音虽是清脆的，却唯觉玉更清脆。有人说玉是有生命有灵性的。小小的一块玉在古人手里可以成为订终身的信物，大概也希望感情如玉一样温润自然、体贴可心，不然怎会有“美玉无瑕”“紫玉成烟”？

现代的人很少戴玉了，可是对首饰的热衷却丝毫未减。这些首饰来源于更多的材质，金、银、珍珠、钻石、玛瑙等等。

首饰是具有象征性意义的，它一方面显示着佩戴者的财富和社会地位，另一方面

首饰是具有象征意义的。

也会把观察者的目光吸引到靓丽闪烁的部位，使佩戴者更能感觉到身体的美和存在。所以，我们在佩戴首饰的时候，要了解首饰，了解自己，了解规则。

对于职业女性在正式场合佩戴的首饰应当遵循这样的原则，即首饰的数量越少越好，少而精，才是精致女人的基本风格，而且样式上也要简洁流畅、大方雅致。

女人对戒指的迷恋程度宛如对爱情，可也别忘讲究一下如爱情般的专一与专注。一般在正式的场合，只佩戴一枚戒指便好，这是符合美观要求的。戴戒指时一定要格外注意，不同部位的佩戴有不同意义，在称谓时把小姐叫成太太，会令双方尴尬。女性如果左手无名指上戴戒指，是已婚的标志，而左手小拇指戴戒指则是独身主义。由于左手每一手指都有意义，装饰性的戒指不妨戴在右手。戒指的质量要上佳，可为铂金、黄金或者配以精美的钻石。合金的戒指即使款式再好，也不要戴于正式场合，它会让你的档次降低。

对于手腕上的饰品，白领丽人们佩戴时更要慎重。一般在正式场合，手镯手链这类腕饰不适于抛头露面，可以选择一款精美的品牌手表戴于左腕，既美观又实用。非正式场合时，可以根据自己的喜好用手镯和手链来衬托你手腕的纤细美丽，可要注意的是，不应该一手戴手表一手戴手镯，这是很不协调的搭配。

耳饰与其他的首饰不同，它影响着女性的脸形和容貌，所以挑选时应该先把自己的特点弄清。其基本原则是：在晚间或者穿着华丽的套装时，不要佩戴纯金的耳饰，这样并不会让你显得真正优雅。如果你已经戴了多串项链或厚重的项链，最好不要佩戴耳饰了。职业女性在办公时间里不宜戴过分夸张怪异的耳饰，那会让你显得浮躁张扬。

项链的美往往点缀着女人颈部的美，它的粗细，应与脖颈的粗细成正比。从长度上看，短项链适合搭配低领上装，中长项链可广泛使用，特长项链适合隆重的社

女人对戒指的迷恋程度宛如对爱情的追求。

钻石胸针作为女性晚间的装饰品是不适于在白天佩戴的。

交场合。值得一提的是，有一种首饰适合于每个女人，适合于每套衣服，适合于各种场合，它是我们首饰盒中不可缺少的饰物，那就是珍珠项链，每个女人都应该有一串珍珠项链，它是你优雅的代言。

喜欢佩戴胸针的女士，要注意的是，胸针应戴在第一粒和第二粒纽扣中间的平行位置上，一般戴在左侧。而钻石胸针作为女性晚间的装饰品是不适于在白天佩戴的。

当我们同时佩戴几种首饰的时候，保证其风格、色彩、质地的和谐统一尤为重要。风格上保证一致，色彩上力求同色，质地上争取同质。如果你已经戴了枚红宝石的戒指，就不要再配一对蓝宝石的耳环了。或者，你已经佩戴了白金首饰，就不要让黄金首饰同时出现。否则，会给人以纷繁杂乱之感，如果你不是在刻意炫耀，那就是眼光出了问题。

最后，我们还是回到玉上，喜欢玉的女子必是温婉平和的。玉是活的，它有生命，有体温，有心跳，有温润的水分，有灵动的心思。它是休闲的，也是高雅的。如果你是戴玉的女子，你将是与众不同的经典。

“包”罗万象

女人对漂亮东西的追求和欲望总是在不断膨胀的，所以包袋当然是多多益善更好，可有一点你不能忽视，包袋是要讲求质量的，粗制滥造的包袋即使再多也没有用。

曾经有一段时间很流行大大的手袋，看到过有人很休闲地背在肩上，找东西的时候，整个头部都可以伸进手袋里，或是把东西呼啦啦全倒出来，一一翻找。很欣赏那种大气，具体地说应该是手袋的大气，然后心向往之。

希望自己也能有一个那样的手袋，可以装入钱包、纸巾、镜子、梳子、手机、充电器、隐形眼镜护理液，甚至时尚杂志，真的像个百宝箱一样，应有尽有该多好。

可是后来有一本书上告诉我，手袋越大，就越不精致，超大型号的手袋只适合去旅行或是去海滩。所以，目光又回到了那些玲珑精美的包袋上。

那本书上还说，一个女人至少应该有四款包袋，来满足各种场合的需要。

一个大一点的提包，是旅行时的必备品，也可以偶尔用在休闲时。

一个好品质好品牌的正统经典坤包，它是用来和都市套装与正式职业装相配的，最实用的选择应该是黑色的牛皮包，简洁的设计加上点睛的环扣，尽显一个女人的品位。当然彰显品位的还有它的牌子，LV、CD、Gucci、Chanel，哪一个都可使眼球发

一个女人至少应该有四款包袋，来满足各种场合的需要。

清爽的白色包袋更适用于夏天。

亮，当然价格也会令人咋舌。

一个适于晚间、晚宴和晚礼服的小巧精致的手袋，就像可体现女人优雅的首饰一样不可缺少。在设计上应该足够漂亮，颜色明亮夺目，可以配上珍珠或小钻石，那种高贵是不言而喻的。这样的手袋将与你的晚礼服相应生辉。

夏天是可爱的季节，为这个季节准备一只米色的草编小手袋，会让夏日的你变得清新凉爽。这样的手袋对于棉布和亚麻的衣服来说非常适合。

如果你的手中已经拥有了几款经过精心挑选的漂亮包、袋，接下来便是考虑如何能让它们在不同的场合配合不同的服装时发挥得更好了。

包袋与服饰在颜色搭配上应注意这样一些细节：一是让包袋与服装呈协调色，也就是包袋应该与服装的主色调相一致；二是让包袋与服装呈对比色，如浅色的衣服，深色的皮包，这样两者都会很醒目；三是让包袋与服饰中的某一样呈呼应色，比如包袋与鞋子、围巾、腰带等同一色彩，整体上看去很有协调的感觉。

对于职业女性来说，可以购置一些黑色、咖啡色、枣红色等颜色较深沉的皮包，这种色彩适合与多种颜色的服装相配，而且给人以稳重干练之感。由于夏天浅色的服

包袋要与人的体形成比例。

装较多，也可以备一款白色的包袋，心情也会随之清淡。

除了与色彩的搭配外，包袋还要与人的体形成比例。身材高大的人拎着一只过于小巧的手袋会显得滑稽，而身材矮小者背一只超大的包包也会显得沉重。

男士的皮包，应忌粗劣和花哨，它如皮鞋一样，有上好的皮质和经典的黑色，就万无一失了。

既然我们与包袋的关系如此密切，那么在朝夕相处的每一天都应掌握礼仪之道。正式的场合，需要端端正正地把包袋背在单肩上或是拿在手里。休闲的场合可以根据不同的样式双肩背或斜挎在肩上。要注意的是不要一反手就把包袋随便地搭在肩上，或是拎在手上甩来甩去，这不是优雅，也不是个性。而且开包找东西时的举止也应得体。

最后，希望包袋作为实用美观的配饰，让你出门在外的生活无限舒适起来。

精致鞋子走出精致人生

有人说，一双糟糕的鞋子足以毁掉一个人的别致。其实果真如此。如果你穿了一套时尚高雅的服装，却配了双粗劣不搭调的鞋子，怎么看都是极没品位的。所以，鞋子的选择也显得很重要，一定不要购买太便宜的鞋子，要有品位和品牌意识。

曾看过电视剧里的这样一个情节：那个衣着得体、自信优雅的女子，在某个忙乱的清晨，误穿了节俭的婆婆刚刚为她补好的丝袜去上班，而且站在客户面前侃侃而谈，笑语嫣然，可是转过身去，客户看到的是她小腿上爬着一条如蜈蚣一样的缝痕，所有的良好印象顷刻间消失殆尽。这里不是在埋怨婆婆的节俭，也不是在指责媳妇的粗心，而是在说明完好无损的着装是最基本的礼貌和礼仪。

如今，职场丽人们越来越美丽风光了，她们无时无刻不在尽情塑造优雅的白领形象，小心而谨慎地审视自己每一天的穿着打扮。这是好的现象。走进办公室前先到洗手间的镜子前端详一下，这是好的习惯。能够及时更换掉破损的鞋子、袜子，这也是好的态度。

与女性职业装有完美契合度的是皮鞋，尤其是牛皮鞋更有着极高的适合指数。

鞋子买回家了，要懂得爱惜和保养，经常上油和擦拭可以保护鞋子和发现问题。一双频于劳苦奔波的鞋子是极易磨损的，磨损后已不适合穿在脚下了，因为它会破坏你的完美。

袜子与鞋子大概有着一衣带水的关系，因此，要注意袜子与鞋子的搭配。作为女性，长筒丝袜是我们身上独特的风景，要善于运用和把握。还应注意鞋袜与整体服装的协调。

一般来说，在正式场合，与女性职业装所搭配的鞋子宜为高跟、半高跟的船式女鞋或盖式皮鞋，颜色以黑色最为正统，如果用其他颜色，应与所穿的服装色彩一致，

一双好鞋子是让整体形象更加别致的秘诀。

花时间选择一双与服装完美契合的皮鞋总是值得的。

但是，太鲜艳太跳跃的颜色最好不要轻易尝试。

而袜子以高筒袜和连裤袜为最标准的选择，颜色以肉色为最佳，其次为黑色、淡灰、淡棕等，而且，要以纯色为主，有图案或花纹的袜子都不适合于办公时间。女人的腿应该是性感而优雅的，千万不可弄得色彩斑斓，远远看去像两支彩色的魔术棒。

鞋袜穿在脚上也是要讲究礼仪的，不可以在办公室随便脱掉鞋子，或处于脚跟悬于外面的半脱鞋状态，这都极不雅观。如果你有在进入办公室后换鞋子的需要，应拿到洗手间里去换，而且待换或换掉的鞋子应置于袋子里提进提出，不可手里拎着两只鞋子乱跑。如果走路时鞋带松了，也需到无人的地方系好，在大庭广众之下弯腰系鞋带不是淑女的表现。对于袜子更应该谨慎有加，当着外人的面脱袜子是礼仪的大忌，即使将长筒袜卷下去一些或是隔着裙子提袜子都是有失身份的。

女性穿裙装一定要配长筒丝袜，而且裙子要盖住袜口，穿着裙装时配短袜，中间露着一截小腿，很不雅观。如果是非正式场合，穿裙子时哪怕不配丝袜，而展露美丽的脚踝和修长的美腿，也万万不要穿短袜。短袜是与长裤装相配的。

对于男士来说，鞋子的款式是简单的，但却经典，选择一双品质上乘的鞋子，也是身份和品位的象征。与男士职业装相配的鞋子只能是经典的黑皮鞋，没有其他了。需要注意的是，不要穿着黑皮鞋时再穿双白袜子，很老土的。

鞋子是穿在自己脚上的,舒不舒服只有脚知道。所以要保证鞋子大小合宜、松紧合适，长期置于不合脚的鞋子里，脚部会变形，并引起血流不畅。美不美是次要的，遭罪却是真的。

但愿每个人都可以足登金履，走在生活的路上，走在事业的路上，走在回家的路上。而那条成功之路，也在你脚下，缓缓铺开。

第2章　精良的举止

Excellent manners

也许，站在属于自己的人生舞台上，没有那么华彩的灯光，也没有太多人的关注，但是，我们的举手投足，如果能彰显出精美良好的举止，那么，属于我们生活的每个镜头，都将定格成亮丽无边的风景。

挺拔的站姿，稳重的走姿

站姿是人体的静态造型，走姿是人体的动态造型。这两种看似简单的姿态，却诠释着一个人最基本的优雅和气质，也会透视出你是否稳重，是否正直，是否礼貌，是否得体。

看见过卑躬屈膝地站在上司面前的人，也看见过颐指气使地傲立于下属头顶的人，更看见过立而不安地面对客户的人，不管哪一种人，他都不是优雅的。有着挺拔站姿的人，才能更好地立足于职场，因为他们简单的站姿里传递出一种礼貌、一种气质和一种态度。

站姿最基本的要领便是挺拔。挺拔的第一种解释是直立而高耸，第二种解释是坚强有力，这两种解释赋予了站姿最标准的要领：立直、站正、坚实、向上。具体地说

站姿传递着一个人的礼貌、气质与态度。

站姿最基本的要领便是挺拔。

是两脚踏地，身体重心放在两脚的中间位置，脚跟靠紧，脚掌微分，像白杨一样挺拔，像山峰一样稳重。

从身体的姿态来讲，应该抬头挺胸，目光平视，腰部立直，腹部收紧。双肩是舒展的，双臂自然下垂，双手微弯于裤筒两侧，或是双手在背后交叉或体前交叉，但动作要自然而不做作。下巴微微内收，脸上的笑容恬淡，给人亲切沉稳之感。

良好的站姿只要体现了基本的挺拔和足够的优雅便好，不要求像军人般过于板正的军姿，那也会让人显得太过严肃，加大了与他人的距离感。

任何不良好的站姿都是我们应该注意和摒弃的，如站姿随随便便，靠墙或靠其他物体站立；身体摆放不直，歪歪斜斜；双腿分开过大，双臂搞一些不必要的小动作等等，这些都不是绅士淑女们该有的形象。

白领精英们掌握了站姿的基本原则后，面对上司、下属和客户时会更加自信和坚

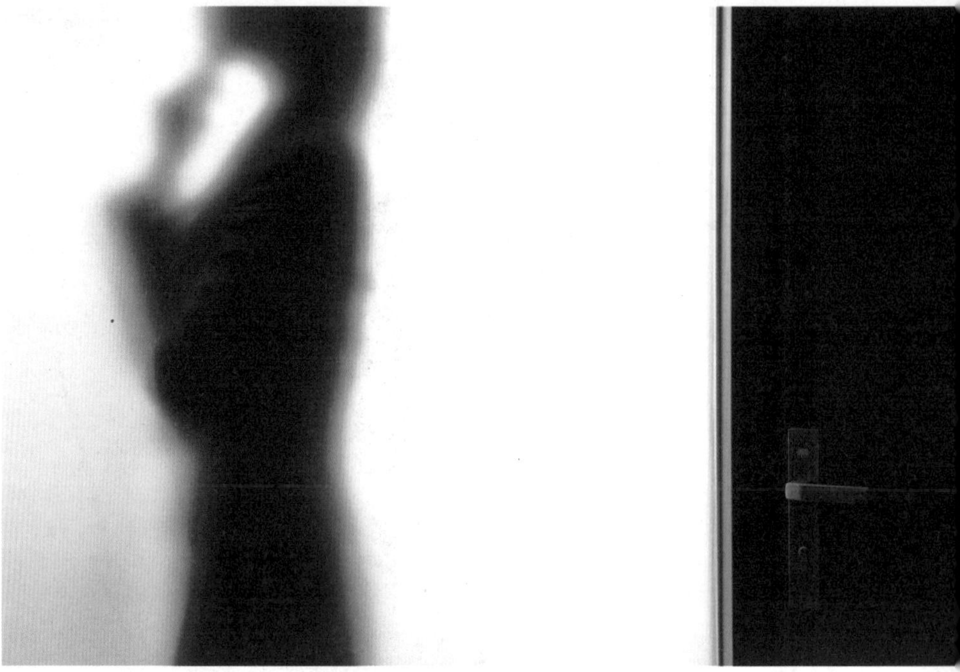

良好的站姿体现出足够的优雅。

强，也会令审视你们的人刮目相看。你们的目光，你们的笑容，你们的言行都将变得必要而有分量，因为，你是不卑不亢地站在他人的面前。

如果说站姿是人体的静态造型的话，那么，走姿便是人体的动态造型。“急行如风”是说走姿，“款款而来”也是说走姿，只是加以快慢的区分罢了。可关于行走，不只是速度这一项表现，姿态是超越了速度以外的美感。

走姿的基本要领是：抬头挺胸，目视前方，一只脚向前伸时要保证脚尖向前，重心在脚尖上，落地时稳当稳重，双腿有节奏地交换前行，双臂随双腿的交换而自然地交替摆动，幅度要适中，不宜过大，切忌“顺拐”的情况。上体基本是直立的，不要前后左右晃动，你是在走路，而不是在跳韵律操。

女士走路时更要体现仪态万方之美，如果你有下列情形的话，请记得好好检查一

优雅地走进他的心里。

下自己的走姿，这对想拥有美丽典雅的女人来说绝对有好处哦！

穿着裙装却有急事要办，所以只好甩开大步拼命地走，以至于裙子都滑到膝盖以上了。穿着高跟鞋时走得摇摇晃晃，歪歪斜斜。走路时习惯低着头看脚尖，总会被人误以为丢了东西。走路时拖拖拉拉或连蹦带跳。走路时脚不自觉地呈内八字或外八字。一边走路一边吃吃喝喝。与同性朋友走在一起时搂搂抱抱、勾肩搭背。

如果有一项以上符合你的情况，那说明你的走姿不甚优雅。不过没有关系，现在注意和纠正也是来得及的，把这些不好的小细节全部改正，你依然可以成为大方得体、风度翩翩的美丽佳人。

当你挺拔地站在一个人面前时，也别忘记，要优雅地走进他的心里。

端庄的坐姿，优雅的蹲姿

如果坐着的时候跷着“二郎腿”，或者蹲着的时候抬着臀部，这都是极不雅观的姿态。从这两种姿态上很容易就看出一个人是否注意了每个优雅的细节，是不是真正的绅士淑女。

有些财大气粗、傲慢无礼的家伙喜欢在自己的办公室里安放一张比自己的座位低很多的椅子，迫使来客不得不坐在这样的位置上对其仰视，其中的优越感和威慑力不

从姿态上很容易就看出一个人是否注意了每个优雅的细节。

言而喻。坐过这样位置的人常会抱怨：坐在不平等的椅子上如何能平等对话?

可是，不知道有没有人想过，越是在如此的情况下，越应该保持好一个端庄的坐姿，昂起你高贵而骄傲的头，用稳如钟的沉着来应对吃亏的局面，一个人的从容优雅会让另一个人的粗俗无礼慢慢低下去，直低到尘埃里。

由此可见，看似简单的坐姿有多重要了吧? 不要以为坐下即意味着舒服地休息，其中的学问和礼仪比不休息还复杂很多呢。

首先来看一下端庄坐姿的基本要领：上体保持直立，腰背挺直，落座后，应坐满椅子的三分之二。对女士而言，双膝呈并拢状态，两腿不可分开。男士就座后，双膝可略微分开，但也不可分开太大，会有失美观，双脚自然垂地，不可前伸、后缩、交叉或一前一后放置。

坐姿与站姿虽同为人体的静态造型，但相对于站姿来说，坐姿体现的是落座后的形象，由于四肢不需要特殊受力，所以人也容易跟着散漫起来，小毛病小瑕疵便层出不穷了。

将左腿搭在右腿上，并把腿跷得很高，这便是典型的不雅观的“二郎腿”，如果你喜欢并习惯了这样的坐姿，是永远也优雅不起来的。伴随着音乐不停地抖动双腿，是一个让人看起来很头晕的动作，会显得有些神经质。

落座时，坐满整把椅子或只搭个椅子边的人都会给对方不舒服的感觉，不是代表满不在乎，就是寓意过分拘谨或急欲离开。而且这样的姿势坐久了也会很累，如果又不好意思调换姿势，那遭罪的可就是自己了。

女人穿裙装时的坐姿一定不可忽视。落座前，应用手将裙子拢一下，才不会因为坐下而四处飘飞，坐下后再整理裙子便是不礼貌的了。穿裙子时切记落座后要双腿并拢，尤其在着短裙时，弄不好就会春光外泄了。

了解了有关坐姿的小细节，便可以优雅地端坐于人前。只是，别忘记，同样应该优雅的还有蹲姿，否则，良好的形象势必会大打折扣的。

蹲姿的基本要领是：下蹲时，双脚可以不在一条直线上，一只脚在前，一只脚在后，在前的脚全部着地，小腿基本上与地面垂直，在后的脚，脚掌着地，脚跟提起。后膝应该低于前膝，头和腰应保持在一条直线上。

蹲姿最忌讳的就是过度弯下腰，翘起臀部，所以取低处的东西时一定要蹲下来再取，不要为图省事而弯腰翘臀。在公众场合，即使站得很累，也不可以随便蹲下来休息。蹲姿是作为取低处东西时的必要姿态，而不是用来休整放松的，况且能够做到优雅的蹲姿也不是简单的事情，更别说保持这种姿势一段时间了，那时你的蹲姿肯定已经变形并感到腿部劳累了。

坐得端庄，蹲得优雅，展现的不只是良好的行为举止，更是淑女绅士的美丽风度。

落落大方的取物姿态

优雅的取物姿态体现了举手的风情，也体现着举手的魅力，一个人良好的风姿和风度会随着手臂与身体的起起落落而完美展现，拿取物品的同时也会赢得他人赞赏的目光。

只在超级市场这一小小的场所，便可看到成百上千的人以千姿百态的方式挑选着自己需要的东西，然后放入购物车内。在这里有踮着脚拼命够上面的东西的，甚至实在够不到还会跳起来；也有弯着腰低头去拿下面的东西的，而且不管臀部已翘得有多高，腰部白花花的肉已裸露了一大堆；还有隔着别人的身体而去取前面的东西的，常常会因为突然的举动而吓人一跳。

也许不少人认为这样的取物姿势会有很多实用之处，最起码方便快捷啊，但有没有想过，这破坏的是一种美感——举手之间雅致的风度和形象。

所以，在取物品时不要只考虑拿到物品后的结果，而且也要看重拿取物品的过程，这便是取物的动作与姿态。也许你会认为这一动作是瞬间的、不被人注意的，但有一句话叫“瞬间即永恒”，不要让坏印象在别人眼里成为永恒才好。

良好的取物姿态应该是美丽而优雅的。在取高处物品时应保持身体的直立、向上，抬起手臂，如果够不到的话，可以稍微踮起脚尖。必要时可以借助工具或是请别人帮忙，但不要跳着脚去够东西，这种行为会让人看起来像个没长大的孩子，不够稳重优雅。

在取低处物品时，首先要有一个优雅的蹲姿。下蹲时，一只脚在前，一只脚在后，在前的脚全部着地，在后的脚脚掌着地，脚跟提起，后膝应该略低于前膝，上身保持直立，眼睛看着要取的物品，用手从容地拿起，然后缓缓直立，完成整套取物动作。

需要注意的是，尽量不要弯着腰、翘着臀部去取低处物品，这不仅仅因为姿态不雅观，对穿短裙的女士来说也很容易走光，暴露女性的隐私。

所以，美丽的女士们，良好的蹲姿本身可是一种自我保护啊。而且，还要注意的是，弯腰或下蹲取物时，如果穿了大领口的上衣，要用手扶住衣领，暴露了上身也同样是不妥的。

蹲姿是取低处东西时的必要姿态。

优雅的取物姿态体现了举手的风情。

取物时也要讲究秩序和速度。如果很多人想取挨放于一处的物品时，要等前面的人取走后再去拿，不要横插进一条胳膊先取为快，这是有失礼貌的行为，易引起他人的反感。而且取物时也尽量把握好速度，不要太突然也不要磨磨蹭蹭。抬手或下蹲的速度太快会给人造成突兀的感觉，从容才是一种优雅。取物时不宜说话，一边下蹲拿东西一边又抬头和别人讲话，会破坏一个人的美丽形象。

对于男士来说，遇到女士们低头下蹲取物的情况，应主动站得稍远些，并避免视线在其身体上流连，不恰当的目光投放，会有偷窥的嫌疑。真正的绅士是不会这么做的，他们会主动与女士之间保持一个安全距离。

展现良好的肢体语言

肢体语言要求动作的协调与适当，好的肢体动作像优美的舞蹈，既表达出人的意愿，又给人以美的享受。而糟糕的肢体动作，不但会让你的形象大打折扣，也会引起别人的反感，不做也罢。

在现代人与人的交往中，语言是处于第一位的重要因素。这语言，不仅仅指由声音传递的有声语言，还包括由肢体所表达的无声语言。而有时，在信息的传递过程中，肢体语言的利用率甚至比有声语言的利用率还要高，人们开始越来越习惯摆动身体的某个部位来表达一个完整的意思。

能够传递无声语言的部位包括：头部、双唇、双手、手臂、双腿、腰部等。当然，眼神和笑容也可以很好地传递无声语言，只是由于它们并不是肢体的一部分，所以在此暂且不提。

在某些特定的场合里，肢体语言虽不可与有声语言相提并论，但在某些特殊的情况下，肢体语言也能充分显示出它的优越性。比如，在使用不同的语种或不同的方言时，都可以用相同的肢体语言来表示特定的意思，用“点头”来表示“是”，用“摇头”来表示“不是”，不就是最好的证明吗？这“点头”与“摇头”便是最常见的头部语言了。

除此之外，肢体语言完全可以表示很多丰富的内容，只需用一些简单的动作并配合某些神态就可以表达庄重、矜持、自信、乐观、尊重、耐心、感兴趣等等，甚至于相反的语意。

好的肢体动作像优美的舞蹈，既表达出人的意愿，又给人以美的享受。

真挚的微笑可以迅速感染周围的人。

下面，请让我告诉你某些肢体语言所传递的内容，明白和掌握肢体的一举一动及潜在的意思，你就相当于学会了另一种语言。

听人讲话时，一直低着头，表示你对讲话的人或所讲的内容不感兴趣。

女性歪着头看着男性时，表示对这名男性有好感，甚至愿意进一步交往。

用摊开双手的方式，来表达无能为力、无可奈何或爱莫能助。

用手指点着别人，也许你并没有恶意，只是肢体的习惯，但却表现出了一个人的粗俗无礼。

服务人员双手在腹部前交叠，身体微微前倾，则表示愿意随时为您服务。

双臂交叉于胸前，如果再握紧双拳，则暗示了你的敌意情绪和防御态度。

双手叉腰可不是一个美观的动作，它表示挑战、进攻，就姿态的直观反映来说，像个粗俗的泼妇。

此时无声胜有声。

男性落座时微张开双腿，表示自信、豁达；而女性张开双腿就座，则代表了绝对的不雅观，并拢膝盖端坐才表示庄重、矜持。

坐时跷“二郎腿”则表示随便、轻浮或内心纠结。

女人扭腰或者扭动臀部则有性的暗示，在公众场合，会给人放荡、不庄重的感觉。

双唇不动声色地抿紧或撇向一边，则表示瞧不起，不屑一顾。

坐下时不停地晃腿，代表了内心的紧张不安和轻微的神经质。

与人对坐交谈时不停地偷偷看手表，表示不耐烦，想迅速结束谈话。

肢体语言实在是太繁多太丰富了，不是几条便可以全部归纳的，以上只是一些或常见的，或基本的，或不被注意的肢体语言，更多的更深的还有赖于每一位行走在社会交往中的人去渐渐发掘，慢慢领会。也许它不可能像有声语言那样博大精深，但它的寓意同样是深刻的。

此时无声胜有声。

敲门时的礼仪

很平常很普通的一扇门，你用何种态度来对待它，将决定你是可以幸运地走入门内，还是被永远地挡在门外。很多公司招聘时面试的第一关便是看应聘者如何走进门。

一名女职员气势汹汹地推开经理室的门，一封辞职信拍在桌上后，即刻转身走人，也许此经理并未见过如此阵势，也未见过这般率真个性的女子，所以不由自主地用好奇、好笑和玩味的目光送佳人远去，心中没来由地生出几分好感，甚至成就了一段感情。

这是言情剧里用滥了的镜头，现实生活中，如果作为职员的你"砰"地推开上司的门，你想会有什么样的后果？即使去辞掉工作，也实在没有必要这样尽失优雅吧。

敲门作为最基本的礼貌，是进入他人房间时必要的行为举止。凡是懂些礼仪的人都知道进门前要先敲门，可这门如何敲你是否也了如指掌呢？

敲门的时候要用食指或中指的中间关节轻敲三下，然后静等门内的回应。如果里面没有作出回应，可再重复敲三下。对于有门铃的房间，可以轻轻按一下门铃，如没有回应，再按一次，在门铃没有故障的情况下，不要一边按门铃一边敲门。而且，敲门的时候，不可过重，不可有拍门、撞门甚至踢门的情况，而且持续的时间也不可过长。要有耐心等待人家的反应，急急忙忙敲两下就推门而入也是不礼貌的。

敲门是最基本的礼貌。

敲门的好习惯会让你成为一个更优雅得体的主人。

在一些私密化的场所更要注意敲门的礼节，比如洗手间。只要门是关着的，都应该敲两下门，不可以毫无预兆地拉开门或通过从缝隙张望来确定里面是否有人，这会给里面的人造成尴尬和不安的感觉，而你自己也无法逃脱所要面对的不自然。

在自己家里，保留敲门的好习惯会让你成为一个更优雅得体的主人。轻敲父母卧室的门，让他们有时间整理好自己的情绪；轻敲爱人书房的门，让他有心情准备好一个笑容；轻敲孩子独立的门，让他们有机会藏起不愿展露给你的秘密，这是一种尊重，更是一种保护。

敲过门后的下一步该是进门了，进门时应该握住把手轻轻地推门而入，然后转过身轻轻把门关上，不能用力地推上门或反手带门。离开时也不能大门敞开就走掉，要面向门里轻轻地把门关好，背对着主人随手带门是不礼貌的。

对于开门和关门的动作，轻柔是没有坏处的，它要求你力度的轻，指尖的柔，可如果你的手里拿着很多东西而不方便开门的话，也不能忽略了轻柔与礼貌，把东西放下再敲门和开门，或者请别人帮忙都是不错的办法，借助肩膀、膝盖、脚尖等部位来开门并不是明智之举。

永远记住，门是用手来开的。只有这双手，才能打开礼仪之门，幸福之门，成功之门。

有车族礼貌地上路

在现代社会里，“有房有车”渐渐成为衡量人们生活质量的一个标准，可是，车提到手了，如何来开才是有车一族所面临的关键问题，这里不只包括技术方面，还有礼仪方面。

对于开车，有人认为那是很容易的事情，考了驾照，练习两天就可以上路了。但要知道，驾照只是技术含量的证明，驾车所需要的礼仪却不是驾照可以给予的，而这些礼仪，在一定程度上保证着驾驶者的安全，在很大程度上，则体现着社会的文明。

行车最重视的便是安全，作为驾驶者，保证安全驾车是最不可忽视的问题。驾驶速度往往成为车祸事件发生的一个重要起因，文明驾车首先要让自己的时速保证在一个安全的范围内。你又不是赛车手，没必要在城市公路上一路狂奔吧?

如果你的车子上还有别人的话，要记得时刻保证他人的安全，你有义务提醒他人系好安全带，正常情况下不要紧急刹车或让车速忽快忽慢，也不要自认为驾驶技术高超，想怎么开就怎么开，因为坐在你车里的人已经把自己的生命安全交到了你的手里，你不可以不慎重。

对于驾驶者来说，意外的发生有时是不可避免的。发生意外情况时，要保持冷静

行车最重视的便是安全。

在驾车时，每个人都有遵守交通规则的义务。

和理智，不要与别的司机互相指责，甚至出言不逊、出手打人，这都是极为失礼的表现。自己可以解决的问题私下里友善地解决，无法解决的借助交管部门的力量来解决，认真仔细地表明身份并说明情况是明智的态度。

如果不小心撞了别人，或是刮坏了他人的车子，而又恰巧无人看见，也不该偷偷溜之大吉。你要对自己的行为负责，要把被撞者迅速送到医院，要给被撞车子的车主留张条子，写上你的姓名和联系方式，这是一种真诚有礼的行为。

在驾车时，每个人都有遵守交通规则的义务，不闯红灯，不超速行驶，不酒后驾车，随身携带驾照等，是驾驶者最基本的行为规范。如果你不幸犯了规，要甘愿接受处罚，不要和交警人员大吵大闹，蛮横无礼，这样的行为实在有失风度，说不定你的损失将会更大。另外，一些小细节也是应该注意的，并线不打灯、排队加塞、一辆车占用两个车位、强行超车、骑着线开车等等，这样的行为都应尽量避免。驾车时聊天、打手机也不稳妥，为安全起见，能免则免吧。

从环境的角度来说，选择尾气排放量低的车子是有利于社会的，而且车子外观的洁净、零件的完好，既是平安的保证，也是礼仪的需要。

乘车时优雅得体

所有朝九晚五的职业者们，如果你目前还不是有车一族，那么，最头痛的是不是上下班的时间？拥挤不堪的公交车和地铁常常会搞坏一天的好心情吧？可如果每个人都能用优雅的举止和得体的礼仪来乘车的话，出行的世界大概会不一样吧？

假如你总是拥有乘坐不同类型车子的机会，全面地了解乘车的学问和礼仪，将会有绝对的方便和好处。

对于乘公交车或地铁来说，讲求秩序、谦让有礼是基本原则。拥挤、推搡、抢座位等现象都是不文明的举止。真正有涵养的人应该是从容不迫地上车，不在车内高声喧哗、吐痰、吸烟、知道给老幼病残让座。不小心踩到别人应及时道歉，被踩的一方也应有宽容的态度。雨天时要注意收好自己的雨具，以免弄湿别人的衣物。

出租车相对来说是个比较方便的出行工具，只需轻轻招手，便会有车子驶过来停在面前，但招手拦车的时候要保持风度，不应大声叫喊或大幅度地摆手，应该等出租车司机看到你的时候，缓缓地摆两三次手就好了，这会是一个很优雅的动作。如果男士与女士一同乘出租车，正确的座次是：男左女右，男前女后。几人一同乘出租车时，应该争坐前座，因为前座是付款的位置，你故意逃避当然会显得很小气。女性独自乘

乘公交车或地铁，讲求秩序、谦让有礼是它的基本原则。

乘私家车时，一般坐在驾驶者旁边的座位。

出租车时，应尽量坐在后座，这会让你更加安全、端庄和优雅。

乘私家车时应稳重得体，一般坐在驾车者旁边的座位。如果前座空着却故意坐到后面，容易让主人觉得自己像个出租车司机，会不太舒服，产生一种遥远的距离感。而且，坐进车子前应保证鞋底的干净，不要随便吸烟或吃零食，不要把脚搭在空位上，也不要乱动车上的按钮。保证端正的坐姿与和善的笑容便已很好。

乘坐公家车的人，一般都有一定的身份和地位，因此良好的举止犹为重要。首先要等待别人为你开关车门，上车后要坐在后座上，在车上尽量不要乱讲话，不要与司机交谈不休，过度的好奇和过多的询问会让对方尴尬和难以回答。

火车对于出远门的人来说大概也是重要的交通工具之一了。由于乘坐的时间较长，因此，保证一个良好的车厢环境显得极为关键。火车内一般都有“严禁吸烟”的标志，要严格遵守。也不要随便脱鞋、脱袜，更不要东倒西歪或整个人躺到座位上。旁边有空座位时，不要为了自己舒服宽松完全据为己有，主动让没有座位的乘客就座，会换得一个感激的微笑。枯燥的旅途中，可以与对面或旁边的同行者打招呼问好及进行简单的交谈，但不可以过细过深地询问他人的私人情况，这是极不礼貌的，也会引起对方的警惕和反感。下车时应有风度，并对行李过重的乘客给予关照。

乘车当然是为了出行，而出门在外的人，多懂得一些礼仪细节，才能与人方便，自己方便。

在天上也不可以自由地飞

飞机作为现代人重要的出行工具之一，有着其他交通工具所不能比拟的优势，它可以让旅客的行程变得更为短暂、方便和快捷。可是，你懂得飞机上的礼仪吗？这些礼仪将诠释出你的风度，保证着你的安全。

别以为在飞机上可以很自由，其实它可比其他交通工具对乘客的要求复杂得多，也烦琐得多呢，但正是这些规定和要求保证着乘机者的人身安全。

搭乘公共交通工具出行的人都知道要严格遵守时间，乘飞机更不能例外，要做到绝对守时，通常在飞机起飞前半小时登机。不要因为一个人的迟到而延误了其他人的时间。

搭乘公共交通工具出行的人都知道要严格遵守时间。

搭乘飞机要绝对守时。

登机时要讲究秩序，不可拥挤、争抢。进入机舱后，应将登机证交给空中小姐过目，她会引领你走向属于你的座位。

对于空中小姐的服务和工作要表示感谢和理解。通常情况下，乘客在上下飞机时，空中小姐都会在机舱门口迎送乘客，作为乘客也应该给予适当的致意和回应。在飞机起飞前，空中小姐一般都会很忙，如果没有非常紧急的事情，尽量不要按服务灯，这也是对她们工作的一种支持。空中小姐介绍安全设施时，要保持安静，随便打断或妨碍别人聆听都是失礼的表现，对待空中小姐的态度要温和有礼，不要傲慢无礼。任何人的工作都期望可以得到他人的尊重与理解。

在飞机上进餐时，椅背要竖直，以免妨碍后座的人用餐。并事先打开座前的小桌，方便空中小姐放下食物盘。用餐完毕后，不要将餐具据为己有，那样会让你看起来小气而俗气。

在飞机上使用洗手间时，应注意将门关好。使用后，要及时冲洗马桶，用过的洗手台，也应该用纸巾擦干净，为下一位使用者提供方便整洁的环境，这是任何洗手间的基本文明。

飞机舱内也算是公众场所，因此也要适当地考虑他人的方便和习惯。你所携带的行李箱不要到处乱放，不要大包小包地占据了别人的位置。与身旁的人交谈时也要深浅适度，不要随便触及私人化问题，如果对方感觉疲倦或不想谈话时，要懂得适可而止。

当飞机遇到小故障时，不要惊慌失措，坐立不安，要保持镇定，听从机组人员的安排和指挥。千万不可擅作主张，随意走动或乱跑，这样不仅扰乱了人心，对自己的安全系数也没有好处。

下飞机前，要记得把手中的报纸杂志放回原位。飞机着陆后，信号灯未熄灭前，不要站立和随便走动，等空中小姐招呼后再按次序下飞机。

另外，还有一个关系到飞机安全的问题，就是飞机起飞前检查自己的手机和便携式电脑是否处于关机状态，不要因为自己的疏忽而干扰了飞机的航空信号，甚至酿成大错。

飞机升空时，希望你带着美好的心情追逐流云，并有着如云般的风度；飞机着陆后，希望你带着平安的讯息拥抱大地，并有着土地般的沉稳，在飞翔的过程中，你是优雅的天使。

礼貌问路，得到更多信息和帮助。

向他人求助和请教是很常见的事情。

彬彬有礼去问路

问路，也许只需要短短的几句话，可得到的却是重要的信息和帮助。掌握好问路的技巧与礼貌，你不仅可以展现出极好的涵养，还拥有了能够通往任何道路的信心与途径。

曾经看过这样一幅漫画。画上讲的是一个年轻人，他想去一个地方，可是又不知道路怎么走。于是他就找到了一位老人来问路。开口却是："喂，老头子，到××村还有多远啊？"老人看了他一眼，拿起手里的拐杖指了一下，道："还有三'杖'。"年轻人不解，又问："道路是论里的，你怎么论丈呢？"老人道："论礼？论礼你该叫我爷爷，我打你三杖才能告诉你。"

这幅漫画一方面点明了年轻人的不懂礼貌和没有教养，另一方面却告诉了我们问路时礼仪的重要。一个人不可能路路通，事事不求人，在自己不知道的范围内向他人求助和请教是很常见的事情，只是，你的方式如何？你的语言又如何呢？

问路也要讲究一个好的方式、好的姿势，甚至好的语气、好的声调。应该是缓缓地走过去，轻柔地开口，不要突然出现在别人面前，并大声地讲话，俨然一个不折不扣的"拦路者"，这无论如何也不应该是一个优雅的绅士淑女所为的。开着车子问路的人，应把车子停下，走下车来问路，隔着车窗大声喊叫的问路方式着实不甚得体。

问路时，最重要的一个礼貌便是要有尊敬的称呼。你可以在向别人问路前，先热情地称呼对方“先生”“女士”“老大爷”“老大娘”“小朋友”等，也可以在称呼前加上诸如“您好”这样的礼貌语。绝对不可“喂”“哎”这样不礼貌地呼叫。

在接下来表述自己想要去的地方前，可以适当地加上一些对于打扰表示抱歉的语言。如：“对不起，请问……”“不好意思，打扰一下……”。这会让人觉得你更有礼貌和教养，而且懂得说话的艺术。说出你要去的地点和要乘的车子时，吐字要清晰准确，语速适中，让对方听得明白，而不是一头雾水地看着你。

当对方就你的问题给予了满意的答复后，应该真诚及时地表示感谢，不可以连句客气的话都不说就一走了之，这会让对方不舒服，产生“用过之后就随手抛掉”的感觉。如果对方没有给你满意的答复，也应该礼貌地表示感谢，不应表现出不满、生气，甚至出言不逊。你此时的态度，最直观地体现了你的涵养。

如果走在路上，你是被问者，要及时停下来，认真倾听，仔细问答，表现出基本的礼貌，让问路者感觉到真诚和温暖。如果你自己也不清楚的话，要以友好的态度表

购物是生活里的必需，无论你喜不喜欢，都要去接触商品。

选择商品的时候，尽量保持优雅的取物姿态。

示抱歉，请他再询问别人。不管你知不知道，最关键的是要保证你指的路真实可靠，否则会给他人造成很大的麻烦和不便，不要让自己的好心反而遭到误解。

优雅，让购物有个好心情

购物是生活里的必需，无论你喜不喜欢，都要去接触商品，可是，在接触商品的时候，如果丢掉了一个人的优雅和修养，那就真的是得不偿失了。

在现代都市人眼中，购物是一种生活，一种与看电视一样休闲的生活。压力大了去购物，心情差了去购物，升职加薪了去购物，无所事事了也去购物，购物不只是去买必需品，而是去买一种心情和感觉。那么，今天，你打算去哪里购物呢？

先让我们去超市看看。方便随意、物品齐全是它的优势，但人多拥挤、物多零乱也是它的通病，在这样的场所才最能检验一个人是否有良好的行为举止。

超市的入口处都会备有购物车和购物篮，不要以为推着车子或提着篮子是很麻烦的事情而不去做，那远远比你怀中抱着一大堆东西要优雅得多，尤其对于女士来说，推着购物车悠闲地穿梭在琳琅满目的商品间，会如画一般优美。

选择商品的时候，尽量保持优雅的取物姿态，而且最好从上面、从外面开始拿取物品，不要把所有的东西都翻个底儿朝上，也不宜在一件商品旁停留太长时间，以免妨碍了别人购物。

对于已放入购物车内的商品不想购买时，要放回原处，不要随手扔在其他物品的货架上。对已称好的散装食品要尽量认购，不要趁工作人员不注意，偷偷塞在角落里，等发霉变质了也没人知道。

购好商品结款时要耐心等候，不要拥挤、加塞儿，或对收银员不满。还有一个大忌就是，千万不可没付款就将商品带出卖场，那会让你陷入十足的尴尬之中，严重的话会被请到经理室甚至警察局。这可不只是礼仪的问题，而是法律的问题了。

在商厦中购物该是一件很惬意的事情，美的商品加上美的心情，但一定不能少了一个美的姿态哦。在这样的场所行走时最好不要与人牵手、挽臂、勾肩搭背，以免阻

在服饰区购物时，试装是一个重要环节。

碍了他人通过。而手舞足蹈、高谈阔论，也是没修养的表现。

在服饰区购物时，试穿是一个重要环节，只是有一些小细节不知道你是否注意过。试装首先要找尺寸适合自己的衣服，不小心拿了过紧过瘦的服装，不要硬撑着想把拉链拉上去或把扣子扣上，那有可能损坏了拉链或扣子。试上衣的时候，尤其是套头的衣服，要注意别把你的唇彩蹭到上面，自己破坏了妆容可以再补，可人家的衣服就没法再卖了。试下装的时候，一定要脱掉鞋子，以免蹭脏了试穿的裤子或裙子。对于脏了的东西你是买还是不买呢？而商家也同样为难。

另外，不要抱着过瘾的心理去试衣，真正想买时再去试，自己也会减少很多麻烦。对于商场内挂的服装或模特身上穿的服装也尽量做到多动眼，少动手，不要乱摸乱碰，尤其是浅色的服装，实在喜欢可以拿着衣挂在试衣镜前看一下整体的感觉。爱惜别人的东西也是在守护着自己的素质。

购物，在购回商品的同时，不要出售了自己的优雅，愿每个人都可以收获很多，仅此而已。

宾馆酒店更加人性化了。

预订房间是一种习惯和礼貌。

宾馆并非完全的私人空间

出门在外的日子，宾馆便是暂时的家了。可是，暂时的终究是暂时的。每个人都应该懂得，有些东西不该拿，有些规矩不能忘。

如今，宾馆酒店更加人性化了。它们都标榜着要以高档次的环境设施和热情周到的服务，为客人打造出家的温馨。而作为入住宾馆酒店的客人，在享受高质量服务的时候，万万不可丢掉了出门在外的礼仪，因为，除了自己的家以外，没有哪一个地方是你的私属领地。

总出差的人知道，入住宾馆前可以先预订房间，这也算是一种习惯和礼貌吧。最常用的预订方式还是电话预定，在确定了要入住的宾馆后，可以拨打他们的电话，详细说出你的需要。这样在到达了目的地之后，就可以直奔预约好的宾馆了。

进入大堂后，首先应该到前台登记。登完记拿到钥匙之后，才可以去自己的房间。

这个房间是为你休息提供的场所，但也不可像在家里一样随便。走出房门后更是要注意自己的仪表和举止。宾馆内的大厅和走廊属于公共场所，要保证身在此处时衣着得体，不能穿着睡衣或浴袍出现或走动。

在宾馆内任何场所都应该保持安静平和，大吵大嚷，连蹦连跳，都不是文雅的举止。看电视时要注意时间，不要过早或过晚，而且音量要控制好，不要影响了别人的休息。

另外，保持良好的卫生环境也不只是服务人员一个人的事情，作为入住者，应自觉地保持房间内清洁卫生，不要随手随处乱扔杂物，不要在墙上乱涂乱画，所带的物品和房间内原有的东西也尽量保证规整有序。为了安全起见，也不要在宾馆内吸烟，

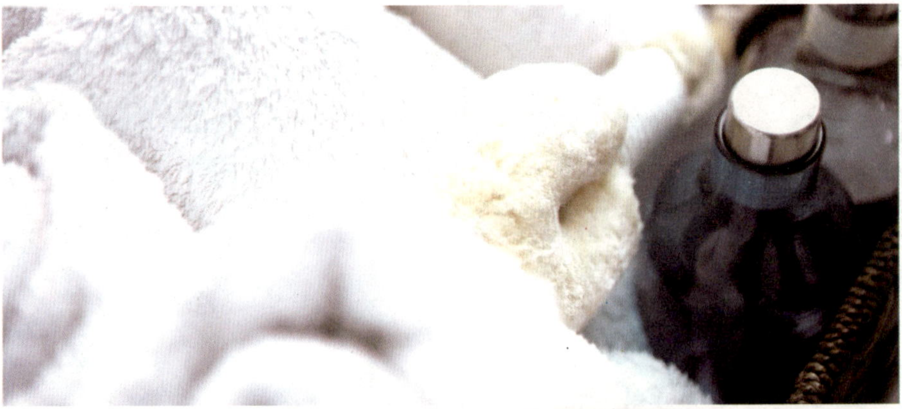

作为入住者，应自觉地保持房间内清洁卫生。

有些物品不能当做纪念品带走。

以免埋下火灾隐患。

使用洗手间后，也要注意其内部的干净。沐浴时要将浴帘拉上，浴帘的下部要放到浴缸里面，以防水珠溅到地上。沐浴后应将浴盆内的水排净，并把自己落在盆里的头发收拾起来。

宾馆一般不允许在客房内留宿其他的外来人员，所以会客时间不宜太长也不宜过晚，一般不要超过 23 点。而且要注意交谈的音量，不要妨碍了其他客人的休息。对于外面有人敲门的情况，要有一定的警惕意识，除非来人表明身份，否则不要轻易开门。

也许你对宾馆内的小物品、小纪念品很感兴趣，想据为己有，作为一次旅行的见证和回忆。不过，你要先了解一下哪些东西是可以带走的，哪些是绝对不能带走的。通常宾馆内可供客人带走的东西有洗发水、牙刷、肥皂、毛巾、信封、信纸、圆珠笔之类的小用品。一些大件的贵重的物品是不可以当做纪念品带走的，不要让自己显得没有规矩和教养。

如果你不小心弄坏了宾馆内的物品，不要隐瞒抵赖，要勇于承担责任并加以赔偿。

离开宾馆时也要给人留下一个美好的印象，结清所有的账目，并礼貌地道别。客人优雅的礼仪，在每天都必须带着职业笑容的服务人员眼里弥足珍贵，所以，给别人的工作一些尊重和乐趣吧。

让自己有一个完美的形象和旅程，在不属于自己的私人空间里，风采翩然。

洗手间也不可太随便

很多人认为洗手间是方便的地方。没错呀，每一个需要方便的人都得寻找洗手间。可是，洗手间也不是绝对方便的地方，它不方便你随意讲话，不方便你不顾及形象，不方便你尽失优雅。

洗手间内的行为举止，决定了一个人是否是彻头彻尾的绅士淑女。如果你不想挂上假冒伪劣的牌子，还是在这样特殊的场所里表现得小心一些为好。

洗手间内的每个小空间在有人时都应该是紧闭的，而非敞开的，你在其中暴露着自己的隐私和不雅的生理现象。所以切记如厕时一定要关好门，并上好门闩。让别人

洗手台使用率很高，尽量保持清洁。

洗手间作为一个那么小小的空间，解决了你的方便问题，修补了你的美丽问题。

看到你的隐私，不止你会难堪，人家也会尴尬。

如厕后，还原一个干净的卫生环境可是修养的表现。所以，要及时冲水，将用过的卫生纸扔入已备好的纸篓内，不要随手扔在外面，更不要扔在便池里，以免发生堵塞。出来后，应保证小门的开放，这样后来的人才不会误以为里面有人而久久等候。作为等候如厕的人，应站在等候区内，如果不知道里面是否有人的话，可以轻敲两下门等待回应，无人应答再去开门。不可冒昧地拉开门或大力拍门。

绅士淑女们如厕时，完全没必要借助这短短的时间来接触社会文化，看书看报这样的活动还是找一个更好的场所来进行吧。

卫生间内的洗手台是一个使用率极高的地方。可有些人洗净了自己的手，却把整个洗手台弄得脏乱不堪实在不应该。洗手时注意节约用水，取洗手液时注意别让其掉到洗手台上或地面上，洗完手后，应取纸巾擦干擦净洗手台上的水滴和脏物。

手未干时用烘手机烘干或纸巾擦干，不要在头发上或身上随便抹两下了事，也不要甩着湿淋淋的手走出去，这样不仅显得不够优雅，也可能弄湿地面。而一个人的优雅正是从这些细节开始的。

洗手间对于女性来说，还是补妆和整理仪表的地方，洗手台上方宽宽的镜子足够检查你的美丽了。只是不要过度地沉迷其中，占用太长时间，对后面等待的人来说很不礼貌，简单地修饰得体，出来时干干净净、清清爽爽就好了。不过，请注意出去前把你散落在洗手台上的头发、粉末之类的东西擦拭和收拾一下，美丽的外表应该与美丽的举止相协调。

另外，洗手间内不应该大声喧哗，不应该打手机，最不应该的是论人是非。以为洗手间真的是私人场所，独立空间吗？况且背后论人是非总是不对的。而在洗手间里，即使你可以保证听你说话的人为你守住秘密，难道也能保证不隔墙有耳吗？

洗手间作为一个那么小小的空间，解决了你的方便问题，修补了你的美丽问题，已经足够了，再没有别的功能了，一个有涵养的人身处此地，应该体现出涵养的一面，在方便的时候，方便的地方，收起那颗也想随意方便的心。

上下楼梯的要求

当你上楼梯时，突然被上面跑下来的人撞了个趔趄，难免会皱眉不快吧？同样的道理，如果你在楼梯上，与别人谈笑风生，左晃右摆，不知道会给人留下多不好的印象呢。

“女士优先”大概已成为很多男士的口头禅了，男士们大多都想做绅士，绅士们自然明白这一约定俗成的规矩。

可是，我看到过有这样一位男士，他在与一位女士一同上楼梯的时候，竟走在了前面，率先蹬上楼梯，而那位女士，裙裾款款、摇曳生姿地跟在后面。也许你会问，那位男士是她的上司？不是。是她的父亲？也不是。是她的丈夫？更不是。

但他是一位绅士，懂得照顾女性而且细心得体的绅士。他不讲究“女士优先”，是因为他处在上楼梯这样的特殊场合中，男性走在女性的后面，尤其对穿裙装的女性而言，是一件很尴尬且极不舒服的事情。而女性如果不想让裙子里面的风景收入男士的眼底，就主动走在后面吧。

留出左侧的位置以便他人急行。

讲出这件事无非是想引出上下楼梯的一些细节，以及某些礼仪。

上下楼梯也算是走姿的一部分吧，应该保持身姿的洒脱美观。头要正，背要伸直，胸要微挺，臀部收紧，膝盖弯曲。速度也不宜过快或连跑带跳。不管有多么着急的事情，也不应推挤他人，因为人的身体在上下楼梯时，平衡力降低，突然受外力作用易摔倒造成伤害。也不要一步两级地奔跑，这样的姿势实在算不上雅观。

很多人一起上下楼梯时，既要注意脚下的稳妥，也要注意身体与前后的人保持一定的距离，避免发生碰撞。

上下楼梯最基本的规则是：靠右侧单人行走，不应多人并排行走。否则会妨碍后面的人通过。几个人一同上下楼梯时尽量不要交谈，更不要谈笑风生、手舞足蹈。一个优雅的人是不可以总回头回脑或伸着脖子与前后的人说话的，这并不是得体的行为举止。另外，也别把楼梯的缓步台或拐角处当成谈话聊天的好场所，这会妨碍了别人通过。也不要随意坐在楼梯的台阶上休息或闲聊，这既不卫生也不礼貌。

如果是为别人带路时上下楼梯，应该主动走在前面，才可以及时地给予他人指引。一般情况下，作为男士，如果与长者或女士一起下楼梯时，应主动走在前面，以免楼梯过陡过滑，对方有闪失。

女性在上下楼梯时，尤其要注意自己的形象，裙子过短或者裙裾乱飞都不合宜。

穿了过长的裙子时可以微微提起一点，不要无所顾忌地拖着，做了楼梯的吸尘器。但要保证你穿的是长裙子，并且提起的动作是轻柔的、优雅的。

都说“下楼梯容易，上楼梯难”，其实不论是上是下，对礼仪的要求程度都是一样的，即优雅得体。

搭乘电梯的礼仪

电梯以它有限的空间承载着上上下下的需要，在这里，如果你可以优雅地进出，并把更多的礼仪运用起来，那么，你将成为写字楼甚至更多的空间里极有气质和涵养的人。

如果你是在香港的地铁站，乘电梯时不小心站到了左边，也许就会有人拍你的肩膀，好心地示意你靠右侧站立，这是香港人的习惯，其实对内地人来说，乘电梯时自

与不相识的人一起乘电梯时，持有风度。

觉地站在右边，把左边让出来供有急事人通过，也是一种良好的出行礼仪。

乘电梯的礼仪还不只这一条，细想来也真是不少。比如你与他人同时等电梯的时候，要主动伸手去按键，但不要极不耐烦地反复按键。电梯门打开后，要等里面的人先走出来再进去，如果电梯内的人实在太多，不要非挤进去不可，以免造成电梯人数超载，自己也会尴尬。

与不相识的人一同乘电梯时，应有风度，进入时按先后顺序，出来时按照由外而里的次序，不要抢先挤出来。

与熟人尤其是与上司、长辈、客人、女士同乘电梯时，进出电梯的次序应根据电梯的类别而定。对于有人管理的电梯，应自觉地后进后出，体现出谦谦有礼的举止；对于无人管理的电梯，应做到先进后出，先进去摁住电梯的按钮，以防他人被突然自行关闭的电梯门夹住。后出去也是此道理，摁住按钮，保护他人的安全。但要注意的细节是，电梯内已有较多的人时，不要发生自己先进去了，而上司或客人却被尴尬地留在了外面的情况。

电梯到达时，除非获得允许，否则不要长时间等待同伴。

我们经常可以看到这样的情景：有人疾步地奔向电梯，一边还喊着“等等我”，可是电梯却冷漠地关上了门，缓缓向上，任被关在外面的人干跺脚也无济于事。也许在早晨上班时每个人都赶时间，不过做这样一件有利于他人的小事也不会很困难吧？电梯本身是不会等人的，而作为已进入电梯里的人，看到有人赶电梯时，不妨按一会儿“开”键，大方地予人方便。而作为外面的人，如果看到电梯门已经关上，就不要再扒门或强行而入了。

电梯内的空间一般都十分狭小，要懂得节省空间，先进去的人尽量靠里站靠边站。但如果里面的人想出去，外面的人应该懂得让开，也不妨先出去一下，让出电梯者有更方便的空间。

电梯在拥挤的时候，难免会发生踩碰他人的现象，但踩人者一定要及时诚恳地道歉，不要心安理得或一言不发，被踩者也应宽容大度，不应得理不饶人。在电梯内也不要谈笑风生、夸夸其谈，以免唾沫溅到别人脸上。更不要谈太私人化的事情，或者目不转睛地盯着陌生人，这都会令人感觉不舒服，有教养的人会时刻顾及别人的感受。

女士在人多的电梯内，可以用胳膊或手中的皮包、文件等护住敏感部位，你的动作在这样的情况下并不会破坏了淑女形象，反而体现了女性的成熟和自我保护意识。

在搭乘地铁、火车站、商场里的滚梯时，要主动靠右侧站立，不要几个人并排站，也不要为了与身后的人讲话而倒着站，下电梯后要迅速离开电梯口，以防后面的人因受到阻挡无法走下来。

电梯是不停地向上向下的，但个人的礼貌与涵养最好可以不断地向上，永远地向上。

排队时也要有一定距离意识。

懂得排队的人才显得更礼貌，也更优雅。

排队体现的社会秩序

懂得排队的人才显得更礼貌，也更优雅，别让自己一边争抢一边喊叫着把形象和素质丢得无影无踪。讲究社会秩序，才是在一点点地体现着文明，也是在一步步地接近着文明。

我几乎每年都可以见证那壮观而庞大的队伍，那支队伍不华丽也不美观，有着各种各样的人，操着各种各样的口音，但却都有着无比的急切与期待，那是每年春节前火车站里归家的长龙，它带着漂泊在外的人回家过年。

面对这样的队伍，我知道回家的心情都是一样的。可是，进站口那打乱了秩序的拥挤能让你通过得更快，离家更近吗?

家是社会的组成部分，而排队则体现了社会的秩序，也体现了个人的礼仪修养。能够自觉地排队，才能让我们的生活更加便捷有序。如果你没有排队的习惯，那么，对不起，某些场合已经开始用强制的方式来规范排队行为了。

比如在银行办理业务时，就应该按照银行划定的区域按顺序排队。如果前面的人正在办理业务时，后面的人应该主动远离，站在 1 米线后等待。紧贴着他人、窥视或未等前面的人办完就抢着办理业务，都是十分不礼貌的行为。如果是一些持进门号码办理业务的银行，更应该坐在等候区静候。

而在售票处购票的时候，理应按次序依次进行，十几个脑袋都挤在窗口前，只会让工作人员无从下手，如果再都七嘴八舌地叫喊不止，不打错了票才怪呢。排队在这时反倒会有利于工作效率的提高。

在餐厅或食堂就餐时也要讲究礼貌公德，排队等候时要有耐心，不要大声喧哗或敲击碗筷，更不要插队。取完餐的人尽量不要端着餐盘在队伍里穿行，应自觉地绕到队尾再寻找座位，以免把汤汤水水撒到别人身上。

除银行等场所的特殊规定外，在一般公众场所排队时也要有一定距离意识，人与人之间的间隔最好为 0.5 米至 1 米，贴得太近会让人感觉很不舒服。

排队可以是强制的，但大多数情况下还要靠自觉。任何人都没有特权可以不排队，除非你不想在这个时间做这件事情。

自觉地在公共汽车站排队显示的是文明市民的风貌，主动排队上车，遇到老幼孕残的人要懂得谦让，不要一拥而上，以免挤倒他人，或挤坏车门。自觉地在洗手间排队，体现的是对他人隐私的一种尊重，也避免了自己的尴尬与不自然。

排队都是要从尾端开始的，从前面或中间插队的行为会让其他排队的人大为反感。即使你有熟人在队伍中，也不应该借他的光跑到前面，那会让你显得很没素质。排队时是检验一个人良好站姿的时刻，不要歪歪斜斜、靠在熟人身上，甚至蹲到地上。而且，要保持安静，等待应该是一种安静的行为，聒噪不止会让人更心烦。更不要对工作人员不停地催促或对其工作效率表示不满。懂得尊重他人，你才能得到更多的尊重。

正确对待吸烟

香烟创造了一个令人迷恋的诱惑的世界，让大部分男人为之疯狂，让一部分女人为之沉醉。如果你贪恋一个男人身上的烟草味，如果你欣赏一支香烟夹于女人手指中的姿态，那么，你与香烟是注定脱不了干系的。

如果你欣赏一支香烟夹于女人手指中的姿态，那么，你与香烟是注定脱不了干系的。

每个人都知道“吸烟有害健康”，可谁也没要求任何人在任何情况下都不准吸烟，只是作为吸烟者有必要知道凡事有度，适可而止，更有必要知道哪些是该做的和不该做的。

在禁烟的场合内，坚决不吸烟。这是吸烟者应该知道的最基本礼仪，比如医院、幼儿园、某些列车和航班、某些宾馆餐厅，在有禁烟规定和禁烟标志的地方，不管你的烟瘾有多大也不能放肆而行。如果某些场所备有吸烟区，应主动把烟雾送到规定的吸烟区内。

对于没有明确指令禁烟的公共场所，应礼貌地询问身边的人是否介意。如果他人表示出反感，应尽量控制，毕竟公共场所不止你一个人，也要顾及他人的感受。即使与熟人在一起，也应征求一下对方的意见才好。而且，吸烟的时候注意不要随地弹烟灰，随手扔烟头，更不要把烟雾喷在别人脸上。

作为对良好的仪表和举止的要求，吸烟者还应该保证不吸烟时口气的清新，牙齿的洁净和手指的干净，不要有烟碱的残留。叼着烟卷说话或叼烟的姿势不正都是不端

叼着烟卷说话或叼烟的姿势不正都是不端庄的行为。

庄的行为，应多加注意。

而吸烟的姿势和拿烟的姿势对女人来说犹为重要，这就是为什么有些女人吸烟看起来粗劣迷乱，而有些女人吸烟却显得高贵特别。女人拿烟的姿势应该是：用食指与中指夹住香烟，修长的手指衬着同样修长的烟体，然后缓缓地移至唇边，轻轻地吸和吐，整个过程应该是优雅而平和的，这样的女性有着氤氲缭绕般的迷人。女性吸烟是很忌讳把香烟叼在嘴上的，不但举止不文雅，而且也反映出性格里的不积极、不庄重和神经兮兮。

香烟虽然是很大一部分人的喜好，却不是所有人的，但对于不吸烟的人来说，却也无法完全与香烟脱离关系。在生活或社会交往中接触吸烟者时，也应适当尊重他们的意愿，不要看到有人吸烟就生气皱眉，冷言指责。如果你的确对烟雾过敏或难以忍受，可以用婉转友善的语气表达，并说明自己的情况，得到他人满意的回应后应礼貌地道谢，要知道人家可是为你暂时放弃了自己的意愿。

即使你很讨厌吸烟，但在家中接待客人时还是要准备香烟和烟灰缸的。你可以不主动劝人吸烟或为其点烟，但也不要让人觉得待在你家里是一种折磨，被剥夺了自由和爱好的折磨。作为主人，这样的行为是失礼的，要时时展现主人的周到与风度。

当白日职场生活的压力随烟雾淡淡而去，当深夜无处诉说的心思随烟光忽明忽暗，当所有珍贵的年华随烟体的燃烧渐渐变短，请让我们期望，香烟所释放的是一个人别致的优雅与风情。

气质何来

校园孕育出了学生的气质，T 型台造就了模特的气质，写字间培养了白领的气质，不同的人诠释着不同的气质，而不同的职业也赋予了气质不同的含义。

气质从人的仪表、行为举止、修养、态度、社交礼仪等各个方面加以体现，没有人不想做气质美女或气质男人，气质比美丽浓厚得多，也有内涵得多。

男人气质的具体表现是：

阳刚。这是男性的基础气质，包括身姿的挺拔，目光的坚定，声音的低沉和无形的力量。婆婆妈妈、斤斤计较、尖酸刻薄的男人不是阳刚的。阳刚也意味着一种无畏，要有胆量，有担当，勇敢地承担起男人应该承担的责任和义务。

沉稳。这是男人气质的关键。包括成熟开阔的思想，冷静理智的头脑，果敢负责

气质从人的仪表、行为举止、修养、态度、社交礼仪等各个方面加以体现。

仪表干净的男人更具绅士风度。

的决断，深沉稳重的性格。穿西装可以让男人显得更加沉稳和成熟，而穿着破旧的牛仔裤则是在彰显年轻无敌的个性了。

干净。这是对男人仪表的基本要求，是对心灵的净化指标。男人不一定要英俊漂亮，但要干净清爽。即使看到护肤品就发晕，也要保证面容的洁净；即使看到琳琅满目的衣服就发傻，也要保证衣着的得体；即使看到香烟就发狂，也要保证口气清新、体味清香。而男人的心灵也应该能抵御各种诱惑的侵袭和龌龊的进入，让更多的爱心与美好停留。

大度。这是对男人度量和宽容程度的检验。是男人，就应该学会“拿得起，放得下”，学会“一笑置之”。有大海和天空一样的胸襟，是男人不可缺少的一种魅力，他们的形象也会由此变得更加高大和从容。

而女人的气质与男人的气质，既有相似，也有相对。其具体表现是：

优雅。端庄稳重的坐姿是优雅，礼貌地向客人伸出手是优雅，乘车时不去推挤争抢是优雅，洗手间里擦净自己弄脏的洗手台是优雅。优雅不是女性气质的特指，但却是女性气质的关键。优雅的女人才是美丽的女人。

知性。可以极熟练地处理工作，可以极专业地使用电脑和外语，可以极冷静地迎战各种难题，可以微笑从容地面对客户，可以为了自我更新而不断地充电。知性，代表了女性气质里智慧的一面。无知的女人是危险的，会有一天连怎样爱自己都不知道了。

魅力。女性妆容的美丽淡雅，女性衣着的靓丽得体，女性气息的清爽芳香，女性笑容的风情万种。在女性的意识里，首先应该明白自己是女性，然后才是职业女性。魅力在职场中展现，却要在职场外刻苦修炼。

平和。平和代表着一种温柔、宁静、宽容。这种平和来自于做母亲的伟大，做女儿的感恩，做上司的大度，做下属的从容，还有做爱人时细细流淌的爱和稳稳扎根的情。平和是一种生活的态度，但愿也成为生活的状态。

气质是个简单的词，却有着复杂的解。它从人的方方面面汇聚而来，我们所能想到的永远也代表不了全部。男人女人们带着各自不同的气质，才形成了各自的魅力磁场，然后，一起组成这个不单调的世界。

第3章　精彩的碰撞

Wonderful collision

世界上不止一个人，也不是哪一个人的。当你的目光与我的目光相对的时候，请给对方真诚的笑容；当你的语言和我的语言交锋的时候，请给彼此精彩的碰撞。从此，你的世界和我的世界，都将不再是寂寞的海洋。

面带微笑地给予指引。

恰到好处的称呼

为什么同样是去打扰别人，有的被打扰者面带微笑地给予指引，而有的被打扰者则面无表情地走开？为什么同样是面对他人的招呼，有时你会心花怒放，有时则会皱眉不快？这涉及一个人对另一个人的称呼问题。

称呼几乎是与人交往时所说的第一句话，是人与人对话时使用的称谓和呼语，用以指代某人或引起某人的注意，并以此来表达不同的思想感情，或引出将要说的话。

正确地掌握称呼和使用称呼会让一个人显得谦逊礼貌，也会增加社会交往行事时的方便。每天需要与客户打交道的职业者们，一定要学好“称呼”这门课程哦。

对他人的称呼在某种意义上说，一方面表示尊重，一方面表示亲切。

一般的称呼如“先生”“女士”等，或与职业相联系的，如“经理”“书记”“教授”“老师”等，非正式的尊称，可以有“大爷”“大娘”“大哥”等等。

另外，称呼别人时用敬称，而称呼自己时要懂得用谦称，如“鄙人”“在下”，称自己的家人，可以用“家父”“家母”等。

了解了怎样称呼别人和自己后，还需要注意一些使用时的细节。

初次与人见面时，一定要努力记住人家的名字，没听清楚，可以礼貌地询问，千万不能自以为是地胡乱猜测，而叫出口却是错误的。也不能在下一次见面时就忘记了对方的名字，这会给人留下不被尊重的感觉。如果实在想不起来了，可以再礼貌地询问，但一定要表示真诚的歉意。

称呼别人或与人打招呼时，要面带笑容，语气和善，吐字清晰，给人如沐春风的感觉，这也有利于下面交谈的进行和展开。

在称呼他人时，不要随便依据自己的错误判断而安错了称呼，如把年轻的女士喊为“大姐”，把未婚女士叫为“夫人”。这都是失礼的。

称呼是表示尊敬亲切的，要大方得体才好。坚决摒弃低级庸俗的称呼，如“哥儿们”“姐儿们”“铁子”“死党”等，这会给人粗俗、轻狂、肤浅的感觉，实在不适于从绅士淑女们的口中叫出来。即使没引起对方的反感，也会破坏了自己语言的美和优雅。

另外，也不要随便给他人起绰号作为称呼，更不应该带有侮辱和嘲笑的意思，每个人都希望得到他人更多的尊敬。

有些称呼不是在所有的场合都可以通用的，尤其是在不同的国度、地域和文化背景下。比如“爱人”这个称呼在国外有“第三者”的意思，所以与国际友人交往的时候，

得体的称呼与拥抱一样让人感觉亲切。

要慎重使用。而“小姐”这一称呼，一方面指年轻的女士，另一方面也是某种特殊职业里的称呼，用时需酌情，不要引起他人的误会与反感。

亲切热情、满含敬意的称呼是人际交往中的重要工具，在甫一开口的时候便给人留下良好的印象和愉快的心情，生活会变得更加融洽。

交际从介绍开始

没有人希望自己成为孤僻自闭的人，所以才会不断地与人交往，而介绍正是加强人与人交往和沟通的一个桥梁，它让不相识的人相识，让世界变小，让你的社交空间变大。

知道世界上哪个行业的人会经常提自己的名字吗？而且这种行为已经融入了他们的职业。答案是做销售的人。尤其是基层的销售人员，他们需要每天进很多不同的门，见很多不同的人，但却总是要说同样的一句话——“你好，我是……”，他们的名字随着脚步的停留一遍遍地出现。

亲切热情、满含敬意的称呼是人际交往中的重要工具。

良好的人际交往，从亲切自然的表情开始。

这是一种最常见最简单的自我介绍，而更精彩更复杂的人际交往便从此开始了。

自我介绍时，首先要有一个落落大方的仪态和亲切自然的表情，介绍前要注意到他人是否有时间有心情有兴趣认识你，不要弄巧成拙。

在正式的社交场合，自我介绍时，除了说清楚自己的名字外，还要说明自己的单位和职业，让别人对你有一个基本的认识。但不要过分地炫耀自己，适度的措辞很重要。当然，也没必要扭扭捏捏、羞怯害怕。自我介绍体现着一个人交往最初的自信，理应展现出良好的气质。

在为别人介绍时，需要了解一个公认的介绍顺序，这会让被介绍的双方得到相应的尊重。这顺序是：将男士介绍给女士，将年轻者介绍给年长者，将职位低者介绍给职位高者，将客人介绍给主人，将本公司的同事介绍给其他公司的同行，将未婚者介绍给已婚者。

如果被介绍的双方是一位年轻的女士和一位年长的男士，就要把年轻的女士介绍给年长的男士。如果未婚者比已婚者大很多，通常把年轻些的已婚者介绍给年长些的未婚者。这些介绍的顺序看起来复杂烦琐，可是却表现了一个人的礼仪观念。

为他人介绍的恰当的姿态是：用手掌掌心自然地指向被介绍一方，注意手心向上，四指并拢，手势要文雅，并向另一方点头微笑。千万不可只用一根手指指着其中一方介绍，

当你被人介绍时，可以主动加以解释。

这样的手势是失礼的，不但表现不出敬意和好意，反而容易让对方误会你使用了侮辱性手势。

为他人介绍时，要说出双方名字的全称及其身份。提到名字的时候一定要清晰准确，对于读音相似相近的字更需咬准。如果自己名字里的字非常生僻或少见，这时被介绍者可以主动加以解释，这也算是对介绍者的一种支持和对另一位被介绍者的一种尊重。

另外，不要有意地抬高一方或贬低一方，这会让被介绍的双方都感到尴尬和不舒服。

对于被介绍者来说，应表现出高兴与热情，可以点头、微笑或者握手，并加上一句“你好”或“认识你很高兴”。随后也可以进行一些寒暄和交谈，不要像个木头一样站在那里。当然，被介绍的双方也应当努力地记住自己所听到的名字，以免再称呼对方或下次见面时叫不出，这不仅对他人不礼貌，也会令自己尴尬。

握手拉近心与心的距离

也许你也遇到过这样的情况：原本很热情地想与人握手，可触到的却是对方冰冷的指尖和极快速收回的动作。这样的冷淡和漠然也会让你心里微凉吧？所以，懂一点握手的礼仪很有必要，它会让与你握手的人感受到你的真诚和温暖。

对于外国人来说，表达见面后的礼貌和愉悦时，可以用拥抱和亲吻来传递感情，而对于中国人来讲，是不适应这种方式的。所以，握手，便是表达这种心情的最佳形式了。伸出一只手，握住对方的另一只手，人际交往的世界便会很快捷很轻易地连通起来。每一个存在于社会中的人，在面对如此重要的礼貌举止时，是无论如何也马虎不得的。

正确的握手姿势是：伸出自己的右手与对方的右手交握，但要让两个身体保持一个适当的距离，没必要挨得特别近。握手时的态度要专注、热情、友好而自然。而且，你的拇指与其他的四个手指要全部与对方的手指握在一起，不要只用手指尖与对方短暂接触，这“死鱼”一样的手会给对方冷漠傲慢的感觉，让人心里很不舒服。

了解了握手的姿态，也要掌握一下握手的时间。时间过短会显得仓促不热情，而

握手的人感受到你的真诚和温暖。

时间过长有时也会令人误会，尤其是异性之间握手时。恰当的时间应控制在 1 至 3 秒。

握手时，总会有先伸出手或主动伸手的一方，所以有必要知道一下规定的顺序。如年长者与年轻者握手时，年长者应先伸出手。身份职位高者与身份职位低者握手时，身份职位高者应先伸出手。女士与男士握手时，应由女士先伸出手。这些规定会让你在握手的时候更显出礼貌和风度。

女士握手的礼仪是：主动伸手，态度端庄自然，落落大方，不用扭扭捏捏或不好意思，也不要过于淡漠和过度热情。对于男士先伸出手的情况，即使你觉得他忽视了握手礼仪的先后顺序，也应该及时友好地伸手与其相握，轻易地拒绝他人握手是不礼貌的表现。如果与多位男士见面而不想与其中一位握手的话，那么最好也不要与其他几位握手，可以只点头微笑，这样才不至于让其中的一位太过尴尬。

女士与男士握手时，应由女士先伸出手。

你可以把好心情传递给别人。

握手这一礼仪动作，由于是双方手部的亲密接触，所以要保证自己手掌的清洁和干爽，过冷或过热、不干净或有汗水，都不太适合与人握手。如果不慎恰巧碰上自己的手不干净时与人见面，可以亮出手掌向对方示意，并诚恳地为不能握手表示歉意。

一般情况下，在正式社交场合，戴着手套与人握手是不适宜的。试想两手相握时，中间却隔着一层东西，完全体会不到对方的热度与热情，这种感觉会舒服吗？所以还是摘掉你的手套再与人握手吧，这也是对他人的一种重视和尊敬。

握手后，自然地收回放下就好，切忌不必要的甩手，甚至拿出一张手帕或纸巾擦手，这样做不仅极不礼貌，也会让人感觉心寒。

有一句话，叫“把我的真心放在你的手心”，手与手相握的时候，请付出真心，展露真情吧，温暖对方，也温暖自己。

贴心的问候

你有清晨起床后与家人道声“早”的习惯吗？你有进入公司后和同事打声招呼的习惯吗？你有每逢节日时给朋友发条短信送去祝福的习惯吗？这是最基本最简单的问候形式，却蕴涵着更礼貌更真诚的问候内容。

问候是一种礼貌，它能够使人际交往变得和谐而融洽，从而拉近了人与人的距离。你可以把好心情传递给别人，也可以感受到别人的好心情。

问候最直接的表现是打招呼。打招呼可不是随随便便凭心情的好坏来做的事情，而是需要礼节来规范的行为。如果招呼不好，那反倒是失礼了。

首先，要习惯于打招呼，尤其是对你认识的人。对于相识的人装作视而不见或不理不睬是不礼貌的，会让别人误会为不愿意与其接近或交往。也许你只是认为太熟悉了没有必要或只是懒于说话，但却很容易就此得罪了别人，自然也就得不到别人的友好了。

这对于经常出入办公室的职业者来说尤其重要，应该懂得与上司、同事碰面时主动打声招呼，问候一下，这是白领们最基本的交际礼仪。打招呼时要面带笑容，语气温和，愉快而清亮。如果同时碰到几个熟人，可以无须特指地问声“各位好”，但目

一声亲切的招呼、愉快的问候，会让亲情传递的方式更美好。

打招呼应根据场合的不同来确定时间的长短。

光应该与几个人的目光一一碰撞，不要只盯着其中一位，或冷落了某一位。

对于家人，那是与我们朝夕相处的亲人，有时对他们的熟悉宛如对自己的左手与右手。可是，遇到天冷干燥时，遇到风吹日晒时，我们都知道保养双手，更何况是对我们的家人呢？你一声亲切的招呼、愉快的问候，会让亲情传递的方式更美好，也会给对方一整天的好心情。

这种问候体现在夫妻之间尤其重要，醒来时、出门时、回家时，都应该与自己的爱人打声招呼，而招呼里最好能有深情和温馨的味道。不过夫妻之间的问候不要表现得很生硬和虚伪，在问候的时候，可以用只属于你们之间能听懂的爱称和语言。“亲爱的，你睡得好吗？”“亲爱的，你回来了。”如此平常的内容，不知会有着多少相亲相爱的感情呢。

打招呼也应该注意时间的长短和所讲话的内容，尤其是在公司，千万不要拉着一个人聊起来没完没了，做到礼貌、热情、亲切、简洁就好。所讲的内容以问声好为宜，不适合涉及某些问题或讨论。

打招呼或问候时，应该大大方方，不能含糊不清，或嘴里正吃着东西却非要说一大堆的话，即使你不觉得难受，对方也不会觉得很舒服。

人际交往中也可以有深层次的问

候，但往往是对于更熟识一些的朋友或更亲近的人。一封信、一个电话、一次交谈，让他体会到你的真心与关心吧。

极为繁忙而无法周到回应他人问候时，应暂停一下手中的工作，简单地道声“你好”，并表示感谢，目光与对方短暂接触时满含亲切和歉意。可以说“真不巧”“真遗憾”这样的话来让对方明白你正处在不得已的忙碌中，没有办法和他多聊一会儿。千万不可头也不抬地只用鼻子哼一声，或者冷漠地装作没听见对方的问候。

一抹笑容，一份祝福，一种礼貌，道一句“你好”，让你的问候大声说出口吧，而你，也会在人生的道路上越来越好。

交谈时应首先有一个良好的仪态。

谈话时尽量语气自然、声音平和。

交谈时的语言艺术

有些人会有这样的恐惧，每次领导找谈话时都会紧张不安，与客户交往时也容易紧绷神经，有时觉得开口说话是极困难的事情，就是想保持沉默，可沉默真的是金吗？如果不是，又怎样来打破这种尴尬呢？

学会用交谈打破不必要的沉默与尴尬，这是现代人在社会交往中应该具备的素质，这种素质也叫语言表达能力。对于现代人来说，缺乏语言表达能力，大多数工作都不会很顺心顺手的，所以才有必要培养和锻炼语言表达能力。

交谈时应首先有一个良好的仪态。与人交谈应坦诚地看着对方的眼睛，而且精神集中，目光炯炯，不要眼神涣散、飘忽不定、左顾右盼，这会让对方觉得你不够礼貌或缺少诚意。交谈时还要掌握好适当的距离，离得太远会给人以距离感，而太近了也会让人感觉不舒服，一般以半米到一米为宜，并保证口气的清新，不要刚一开口就让人有立即逃离的欲望。

谈话时尽量语气自然，声音平和，吐字更要清晰标准，要尽量讲普通话，不带地方口音，因为有时语言的模糊会让对方曲解了你的意思，并引起不必要的误会和麻烦。在语言的运用上要文明，不要使用不雅的字眼，更不要讲粗话，不论是男士还是女士，这都体现了一个人最基本的礼貌和教养。

在与上司、客户或身份地位较高的人谈话时，不应过度紧张，在尊敬、礼貌的同时，体现出从容不迫的自信，充分发挥语言的魅力，运用好语言的艺术。碰到令人尴尬的沉默时，要懂得寻找对方感兴趣的话题，来打破沉默的气氛。

有些人在谈话时喜欢使用手势，手势运用得恰当的确可以帮助你更好地诠释所要表达的内容，但看起来手舞足蹈、夸张做作就不好了。这种举止的优雅是每个人都应注意的，不论你开口时或是不开口时。

在谈话时，不要始终掌握着主动权，过多地把自己放在讲话的位置，或是太以自我为中心都是不礼貌的。不管自己的说话欲望多强烈，也要给别人发言表达的机会。有时，聆听也是一种交谈的艺术。与人交谈时更忌讳夸夸其谈地自我表扬，或是反复地重复自己的丰功伟绩，即使多次讲同一件事、同一个笑话，也是不合宜的。

一般来说，除非与关系非常密切的人聊天，否则不要涉及与钱有关的话题，或是一些个人隐私。比如张口便问人家薪水多少、所穿服装的价格、夫妻关系如何等等，这都是失礼的行为，也是没有涵养的表现。

另外，不要当众批评别人，即使意见有分歧，也不应公开批评，或与人争得面红耳赤，更不要发展到进行人身攻击。

在别人正讲话时，不要随便打断对方的谈话。如果真的已经谈了很久或你有急事要办，可以使用一些小技巧小策略，比如告诉对方你有重要的会议必须参加，或说约了人不得不离开等。

让语言运用得更好，让交谈进行得更好，不论与谁对话，掌握了交谈的礼仪，都可以自然自信地面对了。

小名片大学问

名片是一个人自我的“介绍信”和社交的“联谊卡”。现在用名片的人越来越多了，这证明人渴望与外界有着更多的联系。用一张名片，换得一份交往，这交往深入下去，就是属于你的社交空间。

一位广告销售人员曾经讲过他的第一次业务经历：那是与一位珠宝楼的企划经理谈广告业务，进门的时候便与对方交换了名片，走的时候，双方约定随时联络。可是出了电梯，他却想不起将对方的名片放到哪儿了，翻遍了皮包的每个角落也没有找到。没办法，只好又折回去，与人家东扯西扯了半天，最后终于又向对方要了张名片，还

递名片时切不可单手夹递，应双手奉上以示尊重。

好对方比较宽容，只问了一句，“你刚做业务吧？”而这句话，一直让他回味了很久，也对他鞭策了很久。

这是一个人刚接触工作刚使用名片的经历，可是，任何人都不会永远给你机会，永远容忍你的失误。谨慎地对待工作和生活中的小细节，绝对没有坏处。

名片的作用和使用率既然如此高，制作时当然要讲究一些，不要太花哨低俗，精致的东西才能彰显一个人的品位与格调。自己的名片适宜放在方便拿取的地方，以免半天掏不出来，让等待接受你名片的人久等。

交换名片是一个重要环节，是否具有正确的仪态在对方的眼里会显而易见。递出名片时应该起身，将名片放于手掌上，以大拇指轻轻按住，并用双手一并奉上，这才显得更慎重更有礼貌，不要只用两根手指捏着名片。而且在递出名片的同时也需报出自己的名字，如果名字里有难念的字应主动解释给对方。还需注意名片要以对方便于阅读的方向递过去。

收名片时也要显得谦逊礼貌，拿着名片的边角用双手接过，并点头微笑，然后仔细地看一遍，不明白的地方可以立刻向对方请教，对方因为你重视的行为，会很乐于给你指点。收到名片后一定要妥善保管，把名片郑重地放入名片夹内，千万不可拿在手里把玩，或者随手乱放乱扔，也不要放到桌子上后，上面还压上其他物品。珍惜并收藏好他人的名片，本身就是一种对他人的尊重，不

收名片时也要显得谦逊礼貌。

要因为不经意间的失礼行为，而给自己的事业和友谊造成不必要的障碍。

交换名片时，掌握一些关于顺序的礼仪也是有好处的。一般职位低的人先递出名片，这是一种礼貌。如果职位高的人已经先递出了名片，也不要推辞，礼貌地收下并及时回赠就好。同理，晚辈也应先给长辈递名片，客人应先递出名片给主人。

不论什么时候，不论对什么人，交换名片都应该是一件庄重的事情。所以，不要随便地给陌生人名片，也不要见谁就给谁发名片，遇到不想认识的人或不想进一步交往的人可以不交换名片。如果对方非要你的名片，你又不想给，可以礼貌地表示歉意，解释自己忘了带名片或名片刚刚用完了。而如果你是那个想主动与对方交换名片的人，对方却没什么兴趣或很冷谈，你还是识时务地放弃为好，不要勉强别人。

寒暄的艺术

寒暄有时候像一堆可说可不说的废话，听起来华而不实，可大多数时候，它更是一种语言的艺术，它让淡漠的气氛变得更加融洽。如何把虚情假意的感觉转化为真诚的礼貌，这才是寒暄时最应该注意和揣摩的内容。

一句“你好”，是见面时的一声招呼，是初次相识的一声问候，也是交际场合里

寒暄代表着一种礼节。

的一种寒暄。

寒暄的主要目的是为进一步的交流创造出和谐融洽的气氛，往往表示着一种尊重、礼貌和谦虚，所以，注意寒暄时的语言表达十分重要，语气要诚恳亲切，态度要和善自然。

好的寒暄才会让交谈有一个好的开始和一个好的过程。

寒暄时要注意不应给人以话语多余、虚情假意的感觉。有时你会觉得寒暄一般跟谈话的实质内容没有太大的关系，似乎是一些可说可不说的废话，但实际上，寒暄是说话者一种不可缺少的态度，也是一个有涵养的人在社会交往中的基本礼仪之一。

有时我们会认为，寒暄的对象应该是上司、同事、客户等关系重要却有一定距离的人，而对于太过熟悉亲密的朋友、亲人也许就不需要寒暄了，其实完全不是这样的。寒暄代表着一种礼节，不管和谁，最重要的是它创造出了更融洽的谈话与相处的氛围。寒暄时要讲究技巧和艺术，不呆板、不机械、不做作，才可以让听者觉得真诚而不虚伪。

寒暄的方式有多种，最基本的是应以礼貌真诚的方式与人寒暄，还可以运用鼓励、赞美、幽默等方式与人更好地沟通。比如“多亏您帮忙，真不知道怎么感谢您才好”，这就是一种真诚的谢意。再比如“你今天穿的衣服真漂亮”，这是一种赞美式的寒暄。

共同的爱好让人们找到寒暄的话题。

寒暄的内容也十分广泛，可以聊天气、身体、工作、爱好等等，但寒暄的具体内容要根据具体的情况进行选择，话题也应该自然一些。比如和不太熟悉的人聊天，从天气和一些最基本的赞美开始就是很妥当的。

在日常的社交活动中，有一些寒暄用语是很常用的，掌握的话大概会很有益处。

初次见面可以说“久仰”，很久不见可以说“久违”，请人帮忙可以说“劳驾”，请人指点可以说“指教”，请人原谅可以说“包涵”，请人办事可以用“拜托”，麻烦别人可以说“打扰”，看望别人可以说“拜访”，祝贺别人可以说“恭喜”，送人出门可以说“慢走”，请人别送可以说“留步”，等等。

作为服务场所的工作人员，更应该懂得寒暄。“欢迎光临”是一种招呼语，也是一种寒暄语，在一些没有硬性规定的情况下，不应用得太过死板，太死板的话，久而久之，听者便会没有了感觉，甚至引起反感。

所以，寒暄需要一种语言来支撑，而这种语言，是一种艺术的语言，也是一种语言的艺术。

在与人交谈时，不要过度地昂着头或低着头。

目光传递的无声语言

一个人和恋人深情款款的对视散发出的是爱情的滋味，可如果对其他异性目不转睛地注视十几秒，那则是失礼了。同样是十几秒的凝视，可传递出的却是不同的内容，这大概就是目光的力量。

目光往往可以表达出不同的情感，有涵养的人是完全懂得如何控制自己的目光的。

在交往中，目光最好落在对方眼睛以下、颈部以上的位置，目光应该放虚一些，不要明显地聚集在对方脸部的某个位置，这样有时会令对方局促不安。试想一位女子如果眼神飘忽不定、左顾右盼、东张西望，那会传递出什么样的信号呢？所以，面带笑容、目光专注才是一种基本的表情礼仪。

一般来说，在长辈面前，目光应该略微向下，才表现出尊敬谦逊；在晚辈面前，目光应该温和自然，才表现出亲切爱护；在朋友面前，目光应该热情真诚，才表现出友好融洽。

如果与关系一般的同性对视，目光应该与对方礼貌地相交，以表示尊重之情；如果与关系密切的同性对视，目光应该与对方经常地相交，以表示距离的接近；如果与非恋人关系的异性对视，目光应该与对方暂时地相交，一般不宜超过 10 秒钟，以免引起误会或让人觉得失礼。

目光在不同的场所也应有所把握，如在电梯间、车厢或者面对陌生人时，目光不应该放在他人的脸上或身上，这会让人感觉不舒服也不自然。上下左右地打量别人是失礼的行为，而将目光肆无忌惮地放在别人的敏感部位那就是极失礼的行为了。

在与人交谈时，不要过度地昂着头或低着头。过度昂头会给人傲慢无礼的印象，而总是低着头不敢看别人，会给人胆小怯弱的感觉，或者是因为做了亏心事而不敢看别人。与人对视时不要轻易转眼珠，或者斜眼看人，这都是不礼貌的。更不要随便使用鄙夷或不屑的眼神，那会伤害了对方的自尊心。

运用目光时要善于掌握变化的技巧，根据不同的环境及环境变化来让目光传递出不同的感情。比如与多人谈话时，要用目光与每个人都进行沟通，不要忽视了任何人，而讲到兴奋的时候，眼睛里要放出光彩，让别人也感受到你的兴奋之情。

恋人之间是最善于用目光来传递感情的，不是有一个词叫“眉目传情”嘛，运用了目光的魅力，才更能体现出心有灵犀和表达爱意。恋人们用他们温柔缠绵的目光温暖着彼此的天空。

目光是对视时的语言，无须声音的表达，只需用眼睛放射出最有力量的情感。善于运用目光的人也会懂得珍惜自己的眼睛，让它清澈明亮，散发出智慧的光芒，传递出亲切的感情。

笑容温暖心灵

四月的春风里，很想做一件事情：让嘴角两端用力向上翘起，唇线略呈弧形，目光中放射出脉脉含笑的神采，轻轻牵扯着愉快的心情。这就是微笑的表情。学会真诚地微笑，用心地微笑，合适地微笑。你笑了，世界便也笑了。

也许在我们的潜意识里，微笑多存在于服务行业的工作人员脸上，一句“欢迎光临”，一声“您好”，伴着一抹职业化的笑容，会让人感受到谦恭与礼貌。可是，在我

学会真诚地微笑，用心地微笑。

们的生活工作中，不管对谁，有着如春风般的笑容，会让他人感受到你的温暖，会让自己的生活变得更加顺心如意。

微笑最关键的是要表现出真诚，这种真诚应该是一种发自内心的感情，对方接收了笑容时，也接收了一份舒心的诚意。“皮笑肉不笑”“虚伪的笑”“牵强的笑”“冷笑”“诡笑”都不是真诚的，不但不能给人快乐，还会让人反感。

时常保有一种甜美的笑容，并由嘴巴、眼睛、眉毛、心灵等方面共同协调完成，自己的心也会获得几分愉悦。所以，微笑也是一种体现美、感受美的表情。

亲朋好友聚会时，每到兴奋处会听到哈哈大笑；情侣约会时，每到情深处会含羞带笑。可如果是与客户、同事交往时，开怀大笑、含羞带笑便都是不合适的了。尽量做到笑不露齿、笑不做声才是最标准的微笑表情，才能体现出作为笑容最有吸引力、最有价值的一面。随便的笑、肆无忌惮的笑、不加掩饰的笑在职业场合和职业交往中都不适合，尤其是仰天大笑、挥拳拍腿等不文雅的举止更是要多加注意。

笑的时候还要注意场合与时间。比如在重要严肃的会议上，每个人都绷紧着神经全神贯注的时候，如果有人突然发笑，就会破坏了整个会议的气氛，这是一种极不庄重深沉的行为。如果遇到别人办错了事、说错了话、本已很尴尬的情况，是不应该表现出兴高采烈的样子的，即使没有任何恶意，你的笑声也会让对方更为难堪。这种情况下，只需自然地转移话题便好，切忌讽刺的笑、嘲弄的笑、鄙夷的笑。

还有一种情况更要谨慎对待自己的笑容，那就是在别人遭遇了重大的打击或是面对一个生命的逝去时，你应该感受着伤心人的悲伤，即使想给出一丝安慰的笑容也要

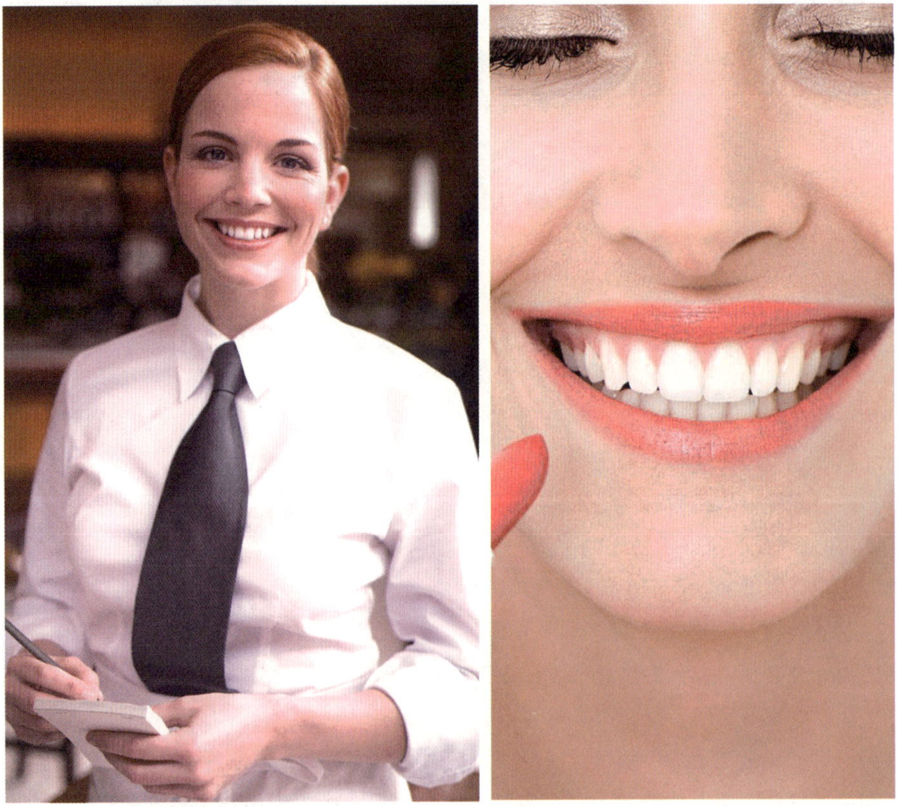

微笑，是世界通用的表情。

微笑，是无言的交流形式。

妥善处理为好，千万别让人误会成幸灾乐祸。庄严肃穆的表情、温和体贴的目光是这种特殊场合里最基本的礼仪。

微笑，是世界的一个通用动作，一种无言的交流形式，它把冰冷的世界连接起来，甚至让无法用语言交流的人有了温暖的沟通。它存在于人与人的社会交往中，不管是对待客户，还是对待朋友，微笑都会释放出它别致的吸引力和特殊的价值。

聆听声音的享受

很希望能有歌者的声音，不管是清脆的还是低沉的，却总是那般悦耳。所以，开始想方设法地让自己的声音变得美好，然后把它传递出去，让更多的人聆听和享受。而当自己作为听者的时候，必然也要懂得聆听的艺术。

良好的仪表给人视觉的舒适，美好的声音却给人以听觉的享受。拥有动听的声音，并懂得聆听别人动听的声音，这也是一种基本的礼貌和礼仪。

声音作为交际活动中最重要的一种工具，如果不能很好地控制和使用，将会为人与人之间的交往带来不利的影响。男人的声音应该是低沉的、富有磁性的；女人的声音应该是柔和的、悦耳的。如果一个男人张口就带着娘娘腔，或是一个女人说话粗声粗气、像个机关枪，这都不能算作动听的声音。

说话时语速太快，当然就会像机关枪一样连绵不绝，这样让人不太好理解和接受，也会给人性子太急的印象。其实不管男人女人，讲话时都应该尽量运用合适的语速来与人对话。

说话时音调太高或像个大喇叭的人也要学会修正自己的声音，毕竟用太大的声音与人讲话是不大礼貌的，会让人觉得缺乏涵养。声音大并不能代表人会增加多少威严，所以让自己的声音平和冷静一些，这会为你的工作和人际交往加上重要的砝码。

女性在声音上还要注意不能嗲声嗲气，否则会给人不庄重的感觉。

拥有了动听悦耳的声音后，就可以把自己的声音传递出去了，而接听的一方应该懂得聆听的艺术，才能更好地与人沟通交流。有的时候，静静地听往往比滔滔不绝地讲有用得多。

认真耐心是聆听时最应该有的态度。任何人在说话的时候都不希望听者三心二意、左顾右盼，甚至呵欠连连、瞌睡不断吧？耐心地听完别人说话，中间不要随便插嘴，即使自己不感兴趣的话题，也应表现出最基本的礼貌，认真地聆听体现着对说话者的尊重。

社会交往中的聆听，不是像小学生一样老老实实地坐在一个地方听，过于呆板机械的表情会给人缺乏兴致的感觉。所以应注重聆听时与说话者的适当呼应。可以用点

交谈时两人之间的动作细节寓示着两人关系的亲密度。

美好的声音却给人以听觉的享受。

头、微笑或者简单的过渡语、提问句来让对方知道你在听，而且是在很用心很感兴趣地听。这样，说话者会感觉到自己是被重视和被关注的，千万不要面无表情呆呆地坐在那里，任别人像收音机一样自说自唱。

聆听时也应该注意自己的表情举止，眼睛不要死死地盯着别人的某个地方，否则会让人很不舒服，而且要善于微笑，并笑出诚意来。姿态要大方，比如不适于用手托着腮或是频繁地眨眼睛，这些动作不但很容易让自己发困，也会给别人没精神和勉强应付的印象。记不记得上学时，我们已经困得不行了却又必须听老师讲课时，通常就用这样的动作吧？

还要记得，别在他人讲话时随便地挥手，或无意识地搞一些小动作，比如卷衣角、挖鼻孔、摆弄头发等，这都是有失优雅和有失礼节的。

另外，从做人的态度方面讲，不要把自己听到的内容随便宣扬出去，喜欢做传声筒的人是很遭人讨厌的。如果对方与你谈了个秘密，那就让它成为永远的秘密吧。

用最美好的声音，交换最美丽的语言，让世界聆听，希望这是天籁。

邀请的来去之礼

收到他人邀请的时候是随便就可以答应的吗？当自己向别人发出邀请时，需要采取什么样的方式和态度呢？有关邀请的礼仪会帮助你更好地把握这些看似烦琐的细节，让你在人际交往中优雅得体。

当你推开办公室的门时，无意中听到几个同事在讨论下班后去哪里聚餐，同事看到你进来，会礼貌地邀请你，“晚上有空一起去吧？”此时，你千万不可想也不想就兴高采烈地答应下来，也许人家只是出于礼貌，而并不是在诚心诚意地请你加入。所以，社交活动中掌握一些应邀的礼节很有必要。反之，知道怎样对别人发出邀请也会让你在人际交往中如鱼得水、顺心顺意。

邀请最常见的途径是当面邀请、电话邀请和通过请柬等书面形式邀请。一般来说请柬多用在比较正式的会议、宴会、婚礼等场合，体现着一种庄重与盛大。

对朋友与同事发出邀请的时候，虽无需太郑重，但却要有足够的真诚，而且要让别人感觉到你是真心地发出邀请，并全心全意地欢迎对方出席。虚情假意、敷衍了事的邀请会让人左右为难。

发出邀请时要有足够的真诚

接受邀请后，情绪饱满地与主人共度欢乐时光。

但是，如果真的遇到别人并非发自内心的邀请时，最妥当的办法是委婉地拒绝，可以先表示谢意，然后表明还有其他重要的事情要做，所以无法应邀，非常抱歉。如果是接到真诚的邀请，并且可以应邀，就应礼貌地答应下来，不要故意羞羞答答、推三阻四，否则会给人不大气和傲慢的感觉。无法出席时，讲明情况，并表示感谢和歉意是很有必要的。

对于客户和工作伙伴的邀请更要谨慎，不要过于随便地接受。在面对这些对象时，你是作为公司的代表，展现的是一个公司的形象，表明的也是公司的立场，所以不论是邀请客户还是应邀时，应尽量与自己的主管上司进行沟通，这不但有利于工作的开展，也有利于塑造一个人坦然正直的性格。

你邀请过上司或被上司邀请过吗？一般来说，职员与上司的关系是最微妙也最不好把握的，而对于向上司发出邀请这样的事情，如果不处理好，也许就会影响了工作和人际交往。在相处时间不长、关系不是很密切的情况下，不要随便邀请上司用餐或是到家中做客，这样也许会令上司感到尴尬，当然工作餐除外，也就是说可以与上司同进工作餐，顺便交流一下工作和想法。但要注意不应太过经常地与上司一同进餐，这样会让其他同事感觉不舒服或产生危机感，你愿意被别人误解为整天在上司面前打小报告吗？

如果与上司有着较为亲近的关系，可以像朋友一样互邀聚会，但应尽量避人耳目，不应大肆宣扬你与上司的友好关系，或上司经常请你吃饭等等。这造成的后果不单单是你会被同事冷落猜忌，也会为上司造成很多不必要的麻烦。你可以做的就是默默地发展与上司职场外的友情。

对于应邀的礼仪，有一方面需要注意，那就是“偕伴”的问题。如果邀请函上没有“偕伴”的字样，或者主人并没有亲口告诉你一定要偕伴出席，那就最好不要随便带人应邀，这会让主人没有准备，也会显得你缺乏礼貌。

邀请与应邀，在来去之间，愿每个人都可以很从容、很得体、很受欢迎。

用柔和的方式拒绝

拒绝，就是不接受。老板让你加班，而你身体有恙时，可以不接受；他人请你吃饭，而并非出于真心时，可以谢绝；有人给你送来沉甸甸的礼物，可却别有用心时，可以拒收；朋友向你借钱，而你经济上也处于困境时，也不必打肿脸充胖子。

也许你是一个善良的人，也许你是一个心软的人，也许你是一个热心的人，可不

直接拒绝，就是以直接的方式表明拒绝之意。

回避拒绝，就是避实就虚直接拒绝。

管你是什么样的人，都不可能照单全收地接受别人所有的请求。社会经验告诉我们，要学会说“不”。但是，简单的一个“不”字，真的就那么难以开口吗？真的说出后就得罪了别人，成为你社会交往的一个障碍吗？究竟怎样才能把这个“不”字说得婉转，说得圆满呢？这是一种学问，拒绝的学问。

拒绝并不是只代表着狠心和冷漠，在一定程度上反而是一种负责任的表现，有时总比那些满口答应却不能把事情做好的行为讲信用得多吧。但拒绝是讲究艺术的，这种艺术运用得好不好，直接影响着别人对你为人处世态度的评价。

拒绝，最关键的是在语言上要有技巧，可以根据不同情况采取直接拒绝、婉言拒绝、沉默拒绝、回避拒绝四种方法。

直接拒绝，就是以直接的方式表明拒绝之意。这大概是很多人难以张口的一种方法，其实也没有什么难的，只要注意自己的态度就好，说话时避免生硬、难听。而且可以先向对方表示谢意，感谢他对你的信任，然后讲明拒绝的原因。最后为自己的无法接受而表示遗憾和歉意。

比如，你无法接受他人送的礼品时，可以说：“X先生，真的很感谢您的好意，但公司有规定，在商务活动中不可以接受他人赠送的礼品，所以抱歉了，我实在不能收。”这样的拒绝已明确地表达了你不接受的意思，可由于你阐明了不接受的原因，对方便很自然地下了台阶，也不好意思再勉强你了。

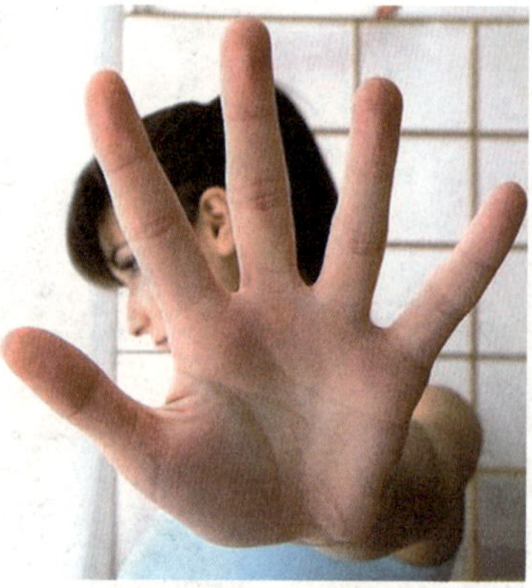

沉默拒绝，就是以沉默的方式暗示自己无法接受。

婉言拒绝，就是以温和曲折的语言表明拒绝之意。与直接拒绝相比，它更容易被接受。因为在很大程度上，它顾全了被拒绝者的尊严。它需要注意的是，语言上不宜太模糊，如果令对方不解其意，那就偏离了拒绝的目的。

比如一位女士接到一位她不喜欢的男士的邀请，地点是光线暧昧的电影院。如果这位女士很直接地说："晚上有事，去不了啊。"那男士显然是被当面泼了一盆冷水。不如就用婉言谢绝的方式，说："真的很感谢你的邀请，不过这场电影我昨晚刚刚和男朋友一起看过。说实话它真的挺好看的，如果你可以邀请没看过的朋友一起去，她一定会很高兴的。"这既婉拒了对方的邀请，又暗示了你与男友的甜蜜，而且也没有太令对方扫兴。

沉默拒绝，就是在面对难以回答的问题时，以沉默的方式暗示自己无法接受。需要注意的是，这种方法很容易导致"冷场"的情况发生，所有尴尬的气氛、对方期待的目光或不满的情绪都会对你的心理造成很大的冲击。如果你没有极强的心理威慑力或不愿一言不发地就得罪了别人，就不要轻易尝试此法。除非遇到很棘手的问题或是恶意的挑衅。

回避拒绝，就是避实就虚，不给对方以肯定，也不否定。先放下此事，而转移话题谈其他的事情。这种方法一般用来解决他人过分的要求或难以回答的问题，用回避的态度来表明你无法回答这个问题或无法接受这个请求，相信对方很快就能领会，你并没有接受，那就是拒绝吧。

不论是以什么样的方式拒绝，对被拒绝者来说都不是一件开心的事情。对于有些情况，如果你再能热心地提供一下其他解决方案或其他可以帮得上忙的因素，对方可能会因为得到些许安慰，而依然感谢你的。

相信聪明的你，怎么会解决不好这些棘手的问题呢？

赞美发自内心

不得不承认，赞美会有很多好处：它会让你发现别人的优点和长处；对别人发自内心的表扬，也是自己心灵成长的过程；同时，它也会让别人的心情愉悦，自信倍增；还有，它会让你们的关系更加和谐融洽，彼此的眼里多出不少对对方的欣赏。

周一的早晨，穿了一条新买的裙子去上班，走廊里遇到同事迎面走来，她眨着眼睛对你说："好漂亮。"可你明明看到她脸上闪过的嫉妒、鄙视，或者听到她在偷偷与别人说："丑死了，真老土。"这时，你的心里会舒服吗？同样的道理，一句言不由衷

赞美会让你发现别人的优点和长处。

赞美是需要用语言来表达的，说者语言恰当得体，才能让听者心生喜悦。

的赞美也会令他人很难堪很不自然。

赞美有赞美的讲究，有赞美的艺术，学会赞美别人，你才会赢得更多的赞美。

赞美首先应有一个好的态度。当我们真心地赞美一个人的时候，一定是仔细而用心地发现了他的优点和长处，这对自己的成长与成熟也是好处多多的。所以我们的赞美理应是发自内心，而不要给人以虚情假意、牵强附会的感觉，那样的赞美，让别人听了也不会舒服，而且对良好的人际交往没有任何益处。哪怕你的赞美只是简简单单的几个字，也要让别人感受到你的诚意。

赞美是需要用语言来表达的，说者语言恰当得体，才能让听者心生喜悦。比如对上司、长辈，赞美在语言上要更多地表现尊重，对下属、晚辈的赞美应多一些夸奖和鼓励，对女人的赞美更该用心，赞扬她们年轻、美丽、智慧，会比恭喜她们富有更受用。只是注意任何赞美的语言都不能含糊其辞、言不由衷、违心奉承、花言巧语。而且语言无需过多，有时你没完没了地夸夸其谈反而会令对方不好意思。点到即可，心到就好。

还有，如果对方有一枚相当极品的钻戒，你也没必要每看见一次就赞美一次。这就是赞美的频率问题，反反复复对某人的同一事物表达赞扬之意，也许会起不到赞美的作用，要么让人麻木，要么令人反感。

有时，赞美需要揣摩被赞美者的心理，不能只按照自己的喜好意愿行事，而且还需注意时机与场合。比如你是一位身材较为丰满的女性，却总是希望自己苗条一些，恰巧遇到了一位很瘦的女孩，这时，你想也不想便开口道，“你的身材多好啊，真是让人羡慕。”殊不知，女孩正为自己胸部的平坦而烦恼呢。你这句赞美听来倒像嘲讽与挖苦了。所以，想让别人听到悦耳的赞美，首先要清楚对方想听什么。而且，瞅准时机，抛出她最爱听的话，你将会被越来越多的人喜爱与欢迎。

从礼仪的角度来讲，我们是不适宜询问他人的年龄的，尤其是女士。可如果对方有意让你猜她的年龄时，你要尽量把年龄说得小一些，这可以说已经暗含了一句赞美语，因为，当对方报出她的实际年龄后，你接下来的一句话会是“你看起来真年轻”。

女人们总喜欢凑到一起欣赏研究彼此的服装、饰品，但要知道随便问人服饰的价格可是不太礼貌的哦！但对方如果想让你评定一下她的服饰值多少“银子”，你可要记住尽量往多了说，哪怕你一眼就看出了是地摊货，也要给出专卖店的价格，因为谁都希望自己用的东西是昂贵的，你报出的价格可寓意着她有品位呢。不过，这样的赞美可要自然而有诚意，别让对方看出你的谎言太过明显。

虽然赞美是一项愉悦别人的活动，但千万别觉得自己很吃亏，因为别人也会以同样的方式来愉悦你。发自内心的赞美，会让每个人的心情都愉快起来。

赞美是一项悦人悦己的活动。

距离恰到好处

现在，我们想说的距离，不是远在天涯海角，不是身体上遥远的相隔，也不是心灵上艰难的跨越，而是一种实实在在的距离，是人与人交往时的实际尺度。这种距离，会让我们的生活和社交产生无限的美感和舒适。

一个男人和一个女人很亲密地站在一起，面对面地拉着彼此的手，这个脸庞到那个脸庞的距离不超过 20 厘米。你肯定会认为他们是情侣吧？只有恋人之间才可以亲密到如此程度，两个关系一般的人是绝对不会以这样的距离相对而立的。可是，对于这种情况，有些人也会皱眉，公众场合怎么可以表现得如此呢？可见，距离也是受场合限制的。

现代人，拥有了良好的距离意识，才有助于塑造出大方得体、风度翩翩的优雅形象。

美国人类学家爱德华·霍尔博士认为，根据人们交往关系的不同程度，可以把个体空间划为四种距离。

一是距离在 45 厘米以内，这里我们称它为亲密距离。这种距离是人际交往中最

距离，会让我们的生活和社交产生无限的美感和舒适。

人们交往关系的不同程度，可以把个体空间划为四种距离。

小的间距。而处于 0 ~ 15 厘米，则多是恋人间相亲相爱的距离。在这种距离范围内拥抱、亲吻、爱抚等，充分体现着相爱的两个人的亲密无间。但这种距离多是自发的自愿的,任何以强制手段进入这种距离范围的都是对人的侵犯。而处于 15 ~ 45 厘米，这是身体不相接触，但可以用手相互摸触到的距离，如牵手挽臂、促膝而谈等，多半用于关系甚好的亲人、朋友之间。只是，需要注意的是，对于这种私人亲密距离要存在于比较私人的场所，这既保证了一个人的隐私，也体现了一个人的礼仪。

二是距离为 45 ~ 120 厘米，我们称它为个人距离。这种距离较少进行直接身体接触。处于 45 ~ 75 厘米，适合于较为熟悉的人的交往，可以亲切地握手和交谈；或者向他人挑衅也在这个距离中进行。处于 75 ~ 120 厘米，这是双方手腕伸直，可以互触手指的距离，也是个人身体可以支配的势力圈。

三是距离为 120 ~ 360 厘米，这种距离叫社交距离，它已经超出亲密或熟悉的人际关系，但却普遍适用于人际交往中。处于 120 ~ 210 厘米，一般是工作场合和公共场所。在现代文明社会，一切复杂的事物几乎都在这个距离里进行。如机关里的领导干部对秘书或下属布置任务，大多采用这个距离。处于 210 ~ 360 厘米，表现为更加正式的交往关系，是会晤、谈判或公事上所采用的距离，首长接见外宾或内宾；大公司的总经理与下属谈话等，由于身份的关系需要与部下之间保持一定的距离。

四是距离为 360 ~ 750 厘米或以上，这是一种公众距离。在这种距离中人际沟通大大减小，很难进行直接交谈。比如教室中的教师与学生、演讲会的演讲人与听众的距离。面对这种远距离的场面，主导的一方应用手势、动作、表情以及使用图表、字幕、幻灯等，来拉近彼此的距离。

看明白了上面的空间距离划分，在日常生活中，我们就会知道，站立行走应有什么样的距离，谈话应保持多远的距离，排队应有多大的间隔等等。恰到好处的距离，会让他人更加尊重你，但愿距离可以产生很多很多的美。

正确的时间观念让人更从容

我们都不是懒散的猫，而是快节奏的社会中的人。能够准确地安排时间和把握时间，会让一个人的生活和工作发生翻天覆地的变化，从紧张到轻松，从慌乱到从容，而所有的优雅与自信便也应运而生。

如果问一位男士，最不愿意陪女士做什么，大概有百分之九十的男士会说“逛街”，而这百分之九十的男士中还会有百分之九十的人最受不了恭候女人出门前的那段等待。试想一位绅士坐在车子里看报纸，反反复复，甚至连广告都没放过，可要等的女人却还未见芳影，这该是一种怎样的心情。等到美女终于姗姗而来，男人们刚要抱怨，她却可以小嘴一嘟：“和你一起出门，当然不能给你丢脸啊。把自己精心地打扮一番，这也是最基本的礼仪嘛。”

可是，美女们是否想过，具有良好的时间观念也是一种不可忽视的礼仪细节。因为这样的你会看起来更加从容、优雅、有条不紊。而且，绅士们也一样啊，如果你跑得大汗淋漓、衣衫不整地去赴别人的约，也实在有失沉稳。

别把迟到不放在心上，迟到可是与一个人的时间观念紧密相连呢。迟到的人不一定是没有时间观念的人，但排除一些突发事件外，剩下的就属于对自己的时间没有掌握好了。你可以说路上塞车，可为什么不事先把塞车的时间让出来呢？你可以说为了女性的优雅而化了个精致的妆，可为什么不能提前把这些做好呢？手忙脚乱的情况下怎么优雅？

凡事打个提前量是没有坏处的。你有这个提前的意识，时间就会充裕很多，你可以从容地走进去，甚至有时间准备好一个微笑。

但如果你的时间真的没那么宽裕，迟到是不可避免的话，一定记得在约定的时间前给对方打一个电话，讲明是因为什么事情而晚到了，请求对方的谅解，这是最基本的礼貌，然后可以在见面时再次道歉，毕竟你耽误了他人的宝贵时间。千万不可让对方待在那里傻傻地等着，自己却连个电话都不肯打。即使你急匆匆地跑进来连声说“对不起”，也不容易改变留在对方心目中的坏印象了。对方会以为，你不单单是个时间观念差的人，还是一个不懂礼貌的人。所以，聪明的人理应记得，约会尽量不要迟到；一旦迟到了，要懂得怎样处理。

迟到是一个人时间观念最直接的反映，除此之外，还表现在作计划和规划上。不管是关于工作的，还是生活的，能够努力地按照自己规定的时间完成任务，这是一种讲求效率、给人以信任的表现。否则，会让人怀疑你的工作能力和事业心。

作计划的时候，肯定有必要统筹一下自己可以拿出的时间。所以目标要实际具体，这样才有利于增

具有良好的时间观念也是一种不可忽视的礼仪细节。

迟到是一个人时间观念最直接的反映。

强时间观念。对待自己的计划或别人交给的任务时，永远也别想着拖到最后一秒才完成，提前一段适当的时间，会让老板客户放心，也会让自己舒心，而且你也会有足够的时间和精力来解决意想不到或突如其来的问题。

生命对每个人来说都是短暂的，所以时间才显得更加珍贵，因此要懂得不轻易占用他人的时间，如果看到对方在忙，应知道适时地离开。去拜望他人时迟到了是占用他人的时间，可去得太早也是在占用他人的时间，同样不礼貌，一般这样的登门拜访，以提前几分钟为宜。

时间是一列飞驰的快车，你无法让它停止，也无法让它倒退，但时间也是海绵里的水，可以最大限度地利用和规划。做时间的主人吧，让自己的生活更加从容。

有关电话的文明礼仪

应该知道的是，打电话这一行为，不是在对机器讲话，而是通过机器对另一端有血有肉的人讲话，你的态度、声调、语言，都可以体现出即使看不见，却也存在着礼仪。它会让更多的人，在听筒的另一端感受着文明，也感受着温暖。

你是不是看到过或遇到过这样的情形：当女孩的男朋友打来电话不小心惹怒了女

孩时，女孩一边委屈生气地扔掉电话，一边叫着："别再来烦我！"或者有谁被朋友得罪了，他们要么愤怒地摔电话，要么任其狂响也不接听。

也许你会说，我生气呀，我愤怒呀，我拿电话撒撒气还不行啊？可是，殊不知，你的行为举止以及声音早已被别人看在眼里，听在耳中，你的绅士淑女形象也随之无影无踪了。尤其是写字间里的职业者们，如果不注意接打电话的礼仪，很有可能使自己电话的内容或自己的行为举止成为好事者饭后的谈资。

对于打电话，尤其是在办公室里，声音要自然柔和，态度要文明有礼，尽量不要打私人电话，如果非打不可的话，通话时应压低声音，不应大喊大叫、手舞足蹈，那会显得你很没修养。

打电话时要懂得用"谢谢""麻烦""请"这一类的文明语言。如果不小心拨错了号码，应对接听者表示道歉，不要慌里慌张、一言不发就挂了电话。如果接通电话后要找的人不在时，可以请他人代为转告，但要报清自己的姓名或身份，并表示感谢。通话时，也许会遇到突然中断的现象，但要记得再及时拨过去，并向对方解释原因，不应该不了了之。

通话时的声音要适中，这是接打电话的一个基本要求。

办公室里，声音要自然柔和，态度要文明有礼。

拨打电话时的行为举止也很重要。我们会经常看到有些人一边双手整理着办公桌上的文件，一边用脖子夹着话筒听电话，这其实很不美观，如果你实在很忙，应告诉对方现在不方便听电话，也不该三心二意地来对待。

通话时的声音要适中，这是接打电话的一个基本要求，而且话筒与嘴的距离应在3 厘米左右。放下电话时的动作应轻柔，不宜太用力，更不应摔电话。

打电话时，能够把握好合适的时间很重要，任何人都不希望自己的睡梦被刺耳的电话铃声吵醒吧？所以应了解他人的作息时间，别在人家休息时间打电话。一般来说，通话时间应以 3 分钟为宜，这也是电话礼仪中的“3 分钟原则”，学会控制时间，简明扼要地表达你的意思，不要像煲电话粥一样没完没了。

当你拨打电话的时候，是不是也很希望对方可以立刻接听？没有谁愿意听电话里毫无感情的“嘟嘟”声，所以，当你作为接听者时，应在电话铃声响过三声内及时地接起来，并伴随一声“您好”。注意无论拨打电话还是接听电话都不宜用“喂”来做开头语，这是一个不太能体现感情的词，一般用“您好”，并报出自己的姓名和单位就很标准了。

如果正巧赶上你吃东西的时候来了电话，你需要尽快地处理好口中的食物再认真地与人通话，一边打电话一边吃东西是不礼貌的。

如果你在通电话的时候，不巧又有客人来访，原则上应先招待客人，前提是礼貌地与电话那端的人说明并经过对方的允许后再挂断。但假如电话内容很重要无法立刻挂断时，应让客人稍等，并表示歉意，再继续通话。总之，用彬彬有礼的态度一定会很好地处理妥当这些关系的。

在通话时，如果听不清对方的声音或内容时，应先道歉再请对方大声点。也可以借口信号不好而请对方调整一下声音，这样不容易让对方反感。

作为写字间里的人，如果你刚刚坐在位置上，就听邻桌说："刚才有一男士给你打电话了。"再问是谁，邻桌也一脸茫然："他也没说呀。"这时，你一定很着急吧?

同样，当你有机会代他人接听电话时，你可以先告诉对方要找的人不在，然后礼貌地询问对方需不需要转告。如果对方需要，你应该耐心而细致地做好笔录，记清所要传达的内容，并与打电话者核对准确，不能马虎了事。如果对方不愿意透露，说一会儿再打来，你也要给予尊重，别一直好奇地问下去了。

替人接电话时，在不了解打电话人的目的或动机前，不应告知他要找的人的任何情况，除非你得到了授权。而且在代为传话时应注意保护他人的隐私，不应大喊大叫，其态度不亚于在昭告天下。也不应随便对人说，有异性找，会惹来很多不必要的猜测。

电话以它长长的线连通着每个人，也沟通了世界。好好地利用它，让它成为人际交往的牵系，不要让它成为隔阂，隔住心与心的相通，隔住你与礼仪的相伴。

使用手机时的良好形象

代他人接电话时，应礼貌询问是否需要留口信。

手机是个任性的孩子，它不会像固定电话那样老老实实地待在某个地方；但手机也是个体贴的孩子，在你想使用的时候供你随意使用，只是有一些场合有一些限制你不能不知道，这是使用手机礼仪的约束。

是谁说过："手机、商务通、手提电脑一个也不能少。"的确，手机在经历了时光的洗礼后，依旧是人们生活工作中不可缺少的掌中宝。

尤其是写字间里的白领们，几乎是离不开手机的，甚至患了手机依赖症。手机让他们更好地了解世界，更好地与人沟通。可是，如果不注意一些使用手机时的小细节，即使你与人沟通得再好，也无法成为别人眼里真正的绅士淑女。

手机虽然在我们自己的手里，但也不可肆无忌惮，某些特定的场所是应该坚决地执行关机命令的。比如飞机上，有时手机信号会对空中飞行造成影响，这样的隐患可是与很多人的生命联系在一起的，绝对大意不得。另外，在医院内的某些场所或油库等地，因为手机信号有时会影响一些医疗器械的运转或者引起油库的火灾、爆炸等，最稳妥的办法当然是关机，在这些地方，一定不能抱有任何侥幸心理。

假如你是一位老师，肯定不希望在讲课的时候，手机铃声大作吧？假如你是一位

在公共场合打电话时，声音要适中。

部门经理，肯定也不希望自己在会议上的发言被突如其来的电话打扰吧？所以，课堂、会议这样的场合，即使不要求必须关机，也应把手机调到静音状态，不要因为自己的电话而扰乱了别人。而且，作为这些活动的参与者，你有必要放好自己注意力的侧重点。同样道理，在观看电影或演出的时候，手机也应尽量静音，不要妨碍了他人的观看或影响整个活动的秩序。

手机可以说是一个私人化的通讯工具，可使用手机却不完全是私人化的活动。因此要注意使用手机时的仪态、声音等。音量适中、表情自然才会让拿着手机说话的你有一个良好的形象。过高的音调、夸张的动作会引起他人的侧目。而且注意不要在电梯、楼梯、路口、人行道等地方毫无顾忌地使用手机，更不能没完没了地煲电话粥，因为你的行为会影响他人的通行和自己的安全。

手机作为与我们关系非常密切而又必须随身携带的通讯工具，理应为它找到一个合理安放的位置。一般来说，手机在不使用的时候应放在随身携带的公文包里，这是最正规的地方。此外，也可以放在上衣的内袋里，但应避免靠近左胸的位置，还可临时放在腰间。挂在上衣外面或拿在手里都不太适合，尤其在会议上或餐桌上，不要把手机摆在桌子上，好像你有多忙，一直在等多重要的电话似的。

短信是手机的一个特色，很多人都很喜欢。但要注意的是不应在与别人谈话时

与人交谈时不可长时间收发短信。

还收发短信，这是对他人的不尊重，并给人以三心二意、心不在焉的感觉。也尽量不要总给朋友发送或转发那些低级趣味的短信，它会让你的品位也变得低级。

另外，更换了手机号码别忘记告知朋友们，别让人家满世界地找你却找不到。

手机在科技发展中总是不停地更新，手机使用者当然也可以根据自己的情况不停地更换，只是希望那些用手机传递的感情不曾更改。

接发传真的正确方式

即使你是初入职场的新人，也不希望当上司交代下来一个小任务时，自己却手足无措吧？比如发传真。传真机规规矩矩地摆在那里，可你却不知道怎么用，这多危险啊，接发传真可是办公室人员必修的一门学问和礼仪呢。

传真，说简单点就是借助于一根电话线把这边的资料复印到电话的另一端，也就是把发信人的原稿做一下复印。这也是一种相当快捷而正式的通讯方式，它可比通过邮局邮寄资料的方式快很多呢。

发传真时，不要忽视了第一页上的一些基本信息，比如，应注明传送者和接收者的单位名称、人员姓名、传真及电话号码，还需注明发送的日期、总页数等等，这样有助于接收者过目时清楚明了。需要注意的是，传真的每页都应该标上页码，这样方便查找，也方便阅读。

如果是传真信件的情况，要像写信一样有礼貌，必要的称呼语、问候语、敬语和签字都不可少，这会充分体现出你的涵养和对他人的尊重。

传真有其标准的纸张，称为传真纸。一般是 A4 的白色纸张，所以尽量不要乱用其他纸张来发传真，以免影响了传真的效果。所传资料的字体应比普通打印时的字体稍大一些，这样才不会造成接收者的视觉疲劳和阅读障碍。

发传真前，应先与对方通个电话，告诉对方你将要发传真过去。传真发过去后，也不要忘记打个电话与对方确认一下，如果页数较多时应及时告知，不要因为忙乱而漏掉了内容。这样有助于给对方留下认真细心的好印象。接传真时也是一样的，接到后应及时与发送一方联络。如果没有等到对方的确认电话，可以主动打过去，让对方放心。

了解了接发传真的一些基本知识后，还需要知道一些使用传真机时的基本礼仪，

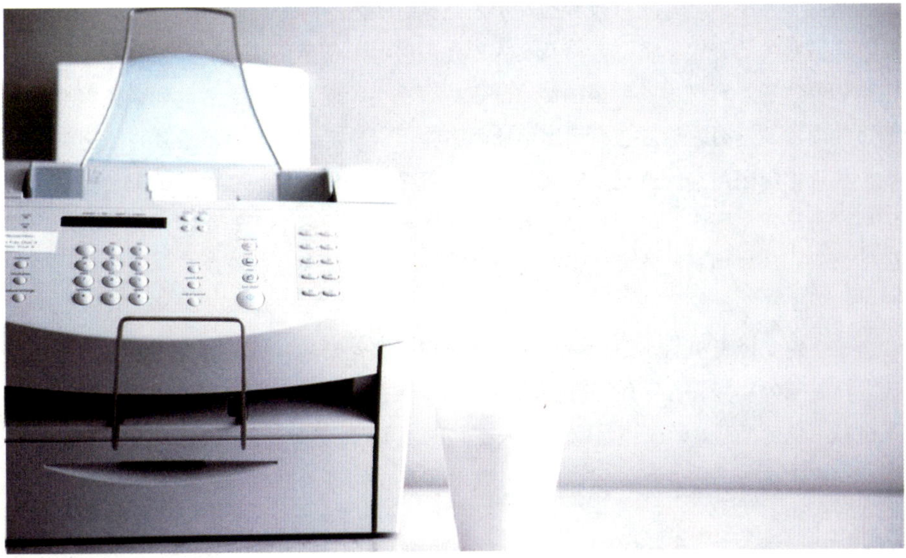

发传真时，不要忽视了第一页上的一些基本信息。

要严格用A4纸发送传真，以免影响阅读效果。

因为办公室里的传真机不是你一个人的，它是属于公共的办公用品。从每一个小物品上，从每一件小事上，才可以看出一个人究竟有多大的涵养。

遇到繁忙的时候，也许会有几个人都在同时等着使用传真机，如果你已经占据了很有利的位置，可是你的手里的传真却多达好几页，而排在你之后的同事只需要传一两页的内容，这时，你应该有风度地让同事先用，一定会迎来同事感激的目光。

如果你刚刚用完传真机，就碰到没有传真纸或是机器出现故障等情况，实在不应该事不关己，抬腿走人，把问题与麻烦留给下一个使用者心里怎么能过得去呢？合适的做法是，及时地更换传真纸，耐心地去排除故障，如果自己解决不了，可以找他人帮忙。

在使用完传真机后，要记得把你传真资料的原件带走，马马虎虎、丢三落四，会让自己吃亏的。另外，一般不要在办公室的传真机上接发私人传真稿件，毕竟，公司不是私人化的场所，私事还是拿到私人空间里去做吧，这本身也是对自己的一种保护。

知道了这些，你就可以用良好的仪态和风度使用办公器材了，你的优雅气质不被加分才怪呢！

应用电脑时的礼仪细节

谁希望自己的手指在灰突突的键盘上翻飞？谁愿意自己电脑里的文件被别人随便浏览？谁想过占用公司电脑处理私人事务时会不经意留下怎样的结果？所有与电脑有关的问题，只能用我们聪明的头脑去解决了。

白领们每个工作日都要与之相对的是什么？答曰：电脑。白领们每天都要用什么与外界沟通？答曰：网络。电脑和网络在办公一族的工作生活中发挥着极大的作用。

可是，如果我们在使用电脑时和连接网络后，却像网吧里打游戏的那些人一样毫无顾忌，良好的白领形象说不定就会毁于此呢。

通常，在办公室里是人手一台电脑的，但我们要清楚它是用来办公的器材，不是发给私人的物品。所以，不要把自己杂七杂八的东西都存在工作的电脑里，也尽量不要用办公室的电脑处理个人的事情，你就不怕电脑硬盘自动备份了你的隐私吗？

电脑在办公室里虽不是我们的私有品，但毕竟是我们在用它，因此应自觉地保证它的干净清洁，没有谁愿意让自己的手指在灰突突、脏兮兮的键盘上流连吧？在摆放电脑时，尽量不要让电脑的后部冲着别人，因为后部的辐射情况相当大。

办公室内的网上聊天，是一个很让老板头痛的问题，很多公司为此屏蔽了 QQ，或者干脆不让安装，这最直接地表明工作时间不要聊天。可是有些工作要求你要经常与客户接触沟通，甚至联络感情，所以 MSN 在白领中用得越来越多，至少，这是公司老板们默许的一种聊天工具。其实不论是何种聊天工具，最重要的是自己应该有“工

与电脑面对面。

不要在办公电脑的桌面上放置私人文件。

作时间拒绝私聊”的意识。如果对方很有表达的欲望，你可以让他发邮件给你，回家后在属于自己的时间里处理。

既然说到邮件，不得不说说发送邮件的一些礼仪细节了。发邮件就像写信一样，应注意语言和措辞，不求词藻特别华丽，但须通顺易懂。太深奥太模糊的邮件会让看者伤透脑筋，弄不好你还得费口舌去解释。

另外，在发邮件前或刚发过去后，应及时通知收件人查收，这样不仅无形中提高了效率，而且也不会被收件人当做垃圾邮件处理掉，于人于己都有好处。

一般的邮箱发邮件时都有可携带附件的功能，这一功能给很多人以方便，但需要注意的是，过大或没有必要携带的附件就不要添加了，这会给对方在打开邮件或下载的时候造成不便，既影响程序运行，又占用电脑空间。

对于商务电子邮件，我们可以在工作时间及时认真地处理和答复，但对于我们自己的私人邮件，就不应该在办公室的电脑上处理了，回家后慢慢查收，心情肯定与白天工作时不一样，你会有更多时间细致地表达自己的情绪，说不定，对方看了你的回复后，都可以品出你的一份淡然呢。

办公室有关电脑的礼仪细节着实不少，但有一点万万不可忘记，就是在未经他人许可的情况下，不应擅自查看他人电脑里储存的内容和邮箱里的邮件。这样的做法不是缺乏涵养，就是别有用心，你只需要坦然地畅游在自己的网络里就好。

提问的技巧与艺术

在某些明星的新闻发布会上，为什么有些记者的提问可以令明星们心花怒放、侃侃而谈，而有些提问则被他们拒绝回答或让其愤然离席？这就涉及了提问的技巧和艺术。

提问，就是抛出问题，让别人来回答，可抛出问题决不像抛出一块石子那样简单，而且抛出石子还容易砸到别人的脚呢，更何况问题。你提出了问题，别人不予回答或者接到了问题，却回答得不让人满意都是在砸自己的脚啊。

所以，提问的人想知道答案，被提问者却不给答案或无法给出满意的答案，这是多么让人着急的事情。可是，如果你在提问中掌握了这样一些细节，让提问富于变化和感情，情况会不会有所改善呢?

首先，提问时应该彬彬有礼。这体现了一个人办事的态度，也是做人的态度。提问时加上一些礼貌词，如“请问”“请教一下”“请您回答”，就会让被提问者心里有一种被尊重的感觉，随即也会有了良好的印象，对你的问题回答起来也会比较配合了。谦和的提问方式会让人有如沐春风般的亲切，而不是毫无感情的审问。只要注意，提问不等同于审问就好了。

其次，提问也应该有度，适可而止才符合人际交往中提问的礼仪。在提问的过程中应注意观察对方脸色的变化和语言的转变。如果对方听到你提出的问题后，忽然脸色沉了下来，你就要懂得适时地转换话题，或者过一段时间再换一种提法来问。如果

提问也应该有度，适可而止才符合人际交往中提问的礼仪。

对方明确地表示不想谈这个问题，就不要再穷追不舍地问下去了。每个人都有自己的隐私权，问与不问是提问者的权利，而答与不答就是被提问者的权利了。

最后，怎样提出问题，提什么样的问题，提问的具体态度和语言，是要因人而异的，对尊者长者提问，那是请教，应表现得恭敬谦逊。对孩子提问，即使是对某方面知识的考查，也应该和蔼可亲。上司询问下属工作上某些实质性的问题，可以严肃郑重，但不应该忘记礼貌与尊重。采访者向被采访者提问时，应把握好被采访者的心态，运用技巧组织好语言形成同一问题的不同提法，曲径通幽，殊途同归，这样才会得到你想要的内容和素材。

另外，提问时，应该注意不要问这样的问题：问女士的年龄；问别人的薪金情况；问刚才为什么不接你的电话；问他人与另一半的感情如何；问人家结过几次婚，交过几个异性朋友，等等。你应该知道，这样的问题是让人尴尬和不好回答的，别让自己的好奇心造成了他人的为难和痛苦。

提问远远不是老师问学生 1 加 1 等于几那么简单，而是几加几等于 1 那样丰富。

如果问题让对方不愉快，应适时转换话题。

提问远远不是老师问学生1加1等于几那么简单

奖励与批评时的心态调整

谁都希望被表扬时越多的人听到越好，而如果是被批评的话还是越少的人知道越妙。奖励与批评，是可以给人造成两种截然相反的心理变化的，面对这些情况时，心态很重要。不信，你就试一试。

在工作中受到奖励时，谁都会欢欣雀跃，可如果在工作中受到了批评恐怕脸上早就阴云密布了。但是，我们不得不承认，有奖有罚才能体现公平的现代企业制度。所以，以好的心态来对待奖励与批评吧。

老板在员工出色地完成任务后奖励一个红包或是一次带薪休假，这体现的不只是员工的价值，也体现了老板做人用人的态度。因此，作为领导者应舍得给予下属奖励，这样下属一方面感受到了你的认可，另一方面也因为这种鼓励而有了更大的动力，而你也会获得更多的回报。

而作为被奖励者，捧着这令人喜悦和兴奋的温情礼包时，要记得不应该在外人面前表现得过于沾沾自喜，情不自禁，甚至产生骄傲自大等情绪，这对你今后的工作和发展将产生不利影响，同时也会在同事面前留下不好的印象，使正常的人际关系陷入淡漠和僵局中。以平和的心态收起你的光环，开始新的起点吧。

奖励的话肯定说得越多越好，可批评的话应以简短明确为宜，正是为了您的简短，我们在这时才要关于批评多说几句。

你肯定会遇到这样的情况：手下的员工做出了违反公司制度的事情，你不得不对他提出批评。这时，如果你轻轻敲了下那名员工的桌子，并示意他到你的办公室来或者出去一下，那么，恭喜你，你非常清楚进行批评时的一个基本礼仪，就是不当众对某个人展开批评，这一点很重要，它是在维护被批评者的尊严，至少使他们的“面子”没有受到公开的羞辱。

展开批评时的态度和语言犹为重要。即使你很生气，也不能做出拍桌子、摔东西这样的举动，这会让你的形象大打折扣，至于骂人打人这样的行为，估计警察就会来找你了。态度严肃认真是应该的，不过也可以尝试一下亲切与平和，这或许能达到让你意想不到的效果。但语言上不能含糊不清，应该让对方知道“这样做不好，下次注意”。不过，说话也不要过于尖酸刻薄，那反而会令对方反感和抵触。语言永远是一门学问，同样的意思，两种不同的表达方式，也许就会产生不同的效果。

有奖有罚才能体现公平的现代企业制度。

批评时，还应注意的一个关键问题，就是要对事不对人，事情明晰了，解开了，知道下次怎么做了就好，没必要从此就为某人打上不良的烙印。

对于别人的批评，应以一个良好的心态来对待。如果是你的错误，应勇于承认和承担，并及时说出道歉的话来，这是一种大度和负责的表现。

而以下三种情况，你可以进行反抗：错误不在你，是对方强加；当众展开批评或羞辱；批评的语气过于尖刻。遇到这样的情形你也会很愤怒，但记得应尽量说出理智而有力度的话，比如，“我现在不想跟你谈，等我们都平静时再讨论。”这样既避免了两人过激的语言冲突，也明确地表达了你的意思——拒绝不合理的批评。

如果成功是一个漫长的旅程，那么奖励会成为它每一个愉快的逗点，而批评，希望它承载着一种转折，由错的向对的，由失败向成功。

以好的心态来对待奖励与批评吧。

演讲台上的从容不迫

偌大的演讲厅里坐满了人，你站在台上，或许有很多紧张和无助。其实，此时你最需要做的便是平稳心情，从容不迫地面对聚集在你身上的目光，并把准备好的内容娓娓道来。

你在学生时代当着全班同学和老

师的面发表过演讲吗？如果从没有过，应该算是花季里的一种遗憾吧。好在长大以后，工作会给你这样的机会，当你不得不在公司的会议上演讲时，当你不得不为客户讲解自己的创意时，偌大的空间内只可以听到你的声音，其余的一切都是安静的，如果这时你紧张了，畏惧了，退缩了，你懦弱无能的形象便会在别人的眼睛里定格。所以，从容不迫地走到台前吧，这是所有精彩演讲的开始。

演讲是一项与自己密切相关的特殊活动，它肯定不像参加一般的会议那样听一听、记一记、简单地说一说就可以了，每个人在演讲时都会成为别人关注的焦点，因此，演讲前的准备非常重要。

有经验的演讲者，不只懂得准备好演讲的内容、资料，组织好语言，理清思路，还懂得整理好仪表和搭配好服饰。在着装上最好比平时更加端庄、沉稳、干练，这才不会造成别人的轻视。女性应以淡妆为宜，头发尽量盘起来或扎起来，会显得干净利落。

在演讲过程中如果涉及使用某些设备器材，应提前调试好，保证视听、投影等仪器正常工作，这样才不会在开始演讲后发现了问题而措手不及。如果真的很不幸在演讲时突然出了状况，也不要手忙脚乱，可以在等待维修时与观众互动一下，活跃气氛。

走到台上去演讲时，保持一个优雅的站姿很重要，这既要求演讲者不能无形无样地随便站立，当然也不宜站得像根树干一样岿然不动。站得挺拔大方才好，千万不可用手紧紧抓着演讲台，甚至整个身体靠在或趴在演讲台上，这样的形象可是要多难看

走到台上去演讲时，保持一个优雅的站姿很重要。

运用好表情、语言和心态，便会成就完美的演讲。

有多难看。如果需要坐下的话，端庄的坐姿就是最基本的仪态和举止。女士应该注意，不宜穿过紧过短的裙子，那不仅会让自己坐下来不舒服，也会让别人看起来不舒服。

站定或坐好后，你可以在未讲话前先调整好话筒的高度和位置，并小心地清清嗓子，然后试音。但试音时不应打口哨、拍话筒或一个劲儿“喂喂”地叫，可以问后面的人能听清吗?

演讲过程中，恰当地使用手势可以让整个形象变得生动、丰富和精彩，不过应注意使用的频率和时机，过多的肢体动作会让人看起来手舞足蹈、张牙舞爪、缺乏稳重。也不要有过多的小动作，比如摆弄手指、紧握拳头或话筒、拨弄头发等，这是一种手足无措、紧张恐慌的表现，沉着稳重、从容不迫是一个演讲者所应该具备的心理素质。

如果是读演讲稿的情况，要尽量把时间控制在 10 分钟之内，为了不让听者厌倦，应隔一段时间，慢慢从讲台后走出来，加入一些手势和即兴的成分，这样或许可以令冗长的“朗读”变得精彩一些。

语言、表情、心态，只要运用得好，便会成就一段完美的演讲。听，掌声响起来了。

运用手势时，应该自然一些。

谈判桌上的处变不惊

整个的谈判过程才是考验一个人全面素质和能力的时候。你的语言能力、应变能力、判断能力、决策能力等，都可以关系最后的结果和你这一方所能争取到的最大利益。

商务谈判是当事人之间为实现一定的经济目的，明确相互的权利义务关系而进行协商的行为。而作为一方当事人的你，一言一行，一举一动，都会或多或少地影响到谈判的过程和结果。所以，谈判桌可不是气氛轻松的饭桌或酒桌，有一句话叫"态度决定一切"，在谈判中始终保持一个沉着冷静、处变不惊的态度是犹为重要的。

而这种关键时刻的冷静，是需要很多前期的准备工作来支撑和维护的。谈判之前，除了要对双方需要协商的内容和议程作好充分的准备，并制定好目标和策略外，还应注意一些仪表和心理方面的细节。

在这样正式而郑重的场合，服装是要绝对体现沉稳和庄重的。男士应穿西装，并且打好领带，刮净胡须，保证面容整洁。女士可以穿套装或套裙，配坚实稳重的半高跟鞋，化淡雅沉静的妆，并梳理好头发。切忌妆容和着装太过性感，那会让你的气质与谈判场合格格不入。

另外，需要布置谈判会场的一方，应该懂得采用长方形或椭圆形的谈判桌，而且门右手座位或对面座位为尊，应让给客方。

谈判的双方接触后，该是展现良好行为举止的时候了，有关称呼、介绍、寒暄、握手这样的礼仪便都会用到的。自然大方、平和微笑的神态会让你在心里上和气势上占据上风。谈判之初的姿态动作也对把握谈判气氛起着重大作用，你的目光应停留于对方双眼至前额的三角区域正方，这样既使对方感到被关注，也会觉得你诚恳严肃。

不要不敢正视对方，眼神闪烁不安、笑容僵硬都会暴露你的紧张心理，以至下面内容的展开受到影响。

运用手势时，手心冲上比冲下要好，而且应该自然一些，不宜随便乱打手势，以免给人轻浮的感觉。也不要将双臂在胸前交叉，这会让你看起来像个傲慢无礼的家伙。只需记住，在面对谈判对手的时候，既要体现出你的礼貌，又应表现出自己的才能，还需用从容不迫的心态来坐镇。

成功地运用语言艺术是一个谈判高手所必须具备的素质。语言要有针对性，不宜啰唆和模糊，该使用委婉语言的时候一定要使用，这样才有利于打通对方的心理，使你的条件容易被接受。不要过多地运用“让我考虑考虑”之类的语言，也许你由此赢得了思考和反击的时间，但对方会认为你没有主见，从而在心理上压制你。沉默有时表示着一种拒绝，需要沉默的时候要保持沉默，说不定会有转机或意想不到的效果。

遇到一些出乎预料的事情时，一定不能表现出慌张无措的神情，应迅速启动自己的应变能力，耐心地与对方斡旋。沉着、理智、冷静才有助于你涉险过关。

即使在谈判桌上，双方为了一个条款争得不可开交，但也不能全然忘记了自己的礼貌和风度。要做到就事论事，对事不对人，不可冲动地与对方发生不文明的行为，甚至进行人身攻击或语言侮辱。相信双方的目的都是解决矛盾，达成共识。

谈判的双方接触后，该是展现良好行为举止的时候了。

成功地运用语言艺术是一个谈判高手所必须具备的素质。

如果你的谈判对手不能让你顺利地达成愿望，并说得条条有理，这也是一种能力的体现，应该给予尊重和敬佩。这才是一个有涵养有素质的人，说不定你的对手私下里也很佩服你呢。

用真诚坦荡的目光、从容平和的笑容、处变不惊的心态和全面优秀的能力，来诠释每一次谈判桌上的较量吧。

拜访不可太冒昧

拜访本是拉近人与人关系的好事情，可如果不打招呼就登门的话，那可就是冒昧的打扰了。面对这种突然袭击的行为，主人的心里大概会有很多的不高兴和不情愿吧。你，是那个冒昧的人吗？

休息日阳光明媚的早晨，刚刚享受了一个美美的懒觉，9点多才起床站在洗手间的镜子前，可脸刚洗了一半，忽听门铃响起来，透过门镜，看到的是你笑靥如花的朋友，旁边还站着她的男友。天哪！看着自己现在的形象，你顿时呆掉。朋友毫无招呼地冒昧来访，是不是让你一天都没了好心情呢？更何况讲究礼仪的商务拜访，那会有多少细节需要我们注意啊。

提前预约是任何拜会活动中最重要的一条原则，在商务拜访中更需严格遵守。一般情况下，约定的时间不应在对方忙碌时、节假日休息时、深夜以及用餐和午休时间。所以最合宜的时间是周二到周五，上午 9 点到 11 点，下午 2 点到 4 点半。而且预约应提前做好，至少提前三天，如果可以提前一周，当然就会给对方留下更充裕的准备时间。只是不要忘了，在约定见面的前一天打个电话与对方确定一下是否可以按原定计划履约。

预约的内容不只包括约定见面时间，还包括拜访时所占用的时间，这样主人可以根据你停留的时间来安排其他的工作。另外，也包括将去拜访的人物，这样主人可以作出更好的心理准备和其他准备。这些都是拜访前最基本最礼貌的准备工作。

约定的时间来临时，一定不要忘记去拜访哦。作为客人，注意自己的仪表举止相当重要。要符合整洁、得体、端庄、有礼的标准。而且在时间的把握上尽量准时，不要迟到也不应提前太多，一般提前 10 分钟到达拜访地点，提前三五分钟敲门是最为稳妥的，既不会让主人等得太久，也不会让主人因未准备好而手忙脚乱。如果有迟到的情况发生，一定要及时而诚心地表示歉意。

在商务拜访中，当你按约定时间到达时，如果主人因其他事情而暂时脱不开身，其他接待人员一定会请你稍候，这时你需要坐在指定的位置上安静耐心地等待，不应喋喋不休地询问还要等多久，不应与其他人热火朝天地闲聊，也不应拿接待人员撒气。如果你也没有更充裕的时间等待，应与接待人员说明并另定时间，这会体现出你良好的礼貌与涵养。

提前预约是任何拜会活动中最重要的一条原则

适时地告辞。

假如你预约时约定了拜访所占用的时间，就应尽量遵守。所以谈话时应开门见山，语意简单明了，不要拐弯抹角地浪费时间。当然，也不能因为谈话时间有限就自己没完没了地讲，也应给对方说话的机会。最后，你的意思表达了或目的达到了，理应适时地告辞了。而且，一定要果断地起身，礼貌地道别，不可嘴里说着“再见”，身体却纹丝不动。就算拜访的目的并未达到，如果看到主人有疲惫之态、厌倦之意或忙乱之事，也应识趣地告辞才对。

当你懂得了拜访的礼仪，才会减少吃“闭门羹”的次数，当更多的人懂得了拜访的礼仪，才会有更多的人免遭冒昧的打扰。

带着自信去面试

为什么有些人笔试的成绩颇高，可面试的时候却一塌糊涂？究其原因，就是紧张和不自信，还有不懂得面试时的礼仪。面试前多一些了解和准备，会让你消除紧张，增加自信，成功地走入你期待已久的那扇门。

当接到心仪已久的公司让你第二天去面试的通知时，你大概会情不自禁地欣喜若狂吧？要知道，关键时刻不能被过度的喜悦冲昏头脑而忘忽所以了。别以为让你去面试就代表双脚已经跨进了公司的门，面试时的那些复杂的细节就像零零散散的拦路石，说不定哪块就挡住了你的去路呢。好在多作一些准备，总是没有坏处的。

准备的具体内容包括仪表方面、业务能力方面和思想心理方面。

仪表是面试中不可忽视的一个环节，没有哪个招聘官愿意看到穿着破破烂烂、打扮得脏兮兮的应聘者坐在自己面前。所以，不论男士还是女士，都有必要展现出一个端庄得体的仪表，这样你才会得到属于你的第一个肯定。

男士应该选择质地优良、款式经典的西装，颜色以黑色、灰色、深蓝为宜，并且最好是纯色的。衬衫适宜选择白色的长袖衬衫，这让你搭配什么样的西装都很协调。一双干净光亮的黑色鞋子会让你站得更加稳重，而且也比较容易和西装相配。一件夸张的休闲 T 恤配一条破着洞的牛仔裤，再蹬一双旅游鞋，是不适合去面试的。男士的面容也应该是整洁的，一般的工作是不允许胡子拉碴和长发飘飘的，除非一些艺术类的工作。

对于女士而言，平时就是很注重打扮的，只是要清楚，面试时的化妆和着装与平时去逛街肯定不一样。服装上宜选择套装或套裙，但要注意颜色和款式，不可太夸张太前卫太性感，裙子的长度以及膝或稍过膝为宜，要显示出女性的端庄来。化妆要淡雅自然，不宜浓妆艳抹，但也不能素面朝天地去见人。

面试时的那些复杂的细节就像零零散散的拦路石。

面试的时候，对一个公司有所了解总比一无所知要好很多，这也可以让你更加从容地面对招聘官。你可以在网络上或相关资料上研究一下该公司的基本情况，并根据你要应聘的职位加强一下专业性的业务训练，你的专业素质虽然不一定在面试的时候有太多展示的机会，但它永远是保证你具备良好心理素质的基础。

说到心理和思想方面，也许每个面试者都深有体会。为什么在家里准备得好好的，可到了招聘官面前却语无伦次、张口结舌？为什么坐在等候区的时候手心里总是汗津津的，还总想去洗手间？为什么在走出公司之后，才一拍大腿，那个问题应该这样回答？所有的答案都是紧张和怯场。而紧张的最主要原因就是不自信。

带着自信去面试。这不只是别人对你的希望，也是自己的希望吧。一个人优雅得体的仪表，大方稳重的举止，突出的专业能力和才情，机智冷静的应变能力和从容平和的心态，才保证了自信的产生和释放。注意笑容和眼神的运用，它会让你接下来的语言更有魅力。

至于面试的时候应该准时，至于怎样进门、怎样站和坐，怎样自我介绍和与人握手，至于面对招聘官的问题怎样沉着作答、怎样运用语言的艺术，你需要一个时间来了解和揣摩，

服装上宜选择套装或套裙

把握住每一个细节，这样才能走进自己想去的地方，开启自己理想的事业和人生。

别把上司当天敌

得知上司生病时，你是不是一阵窃喜，因为接下来的几天可能会很放松，没人管制你了，没人注意你迟到早退，没人监督你是否偷懒或犯了错误，这样的日子不知要好过多少呢。可是，如果你真的闯了祸，又有谁来为你指导和承担责任呢?

上司与下属的关系往往很密切也很微妙。作为领导的一方，既有权利管理别人，又有义务担负责任。所以，对于下属来说，不要以为上司对你来说一点好处没有，恰当地处理好上下级的关系，你事业的空间才会更大。

对上司最基本的态度应该是服从和尊敬。上司安排的工作或下达的指示，要积极努力地完成，并坚决执行，这样你的工作能力和办事能力才能很快地被上司认可。

如果遇到上司决策错误的情况，可以在私下里或以书面的形式提出建议，必要时也可为上司准备一些资料进行参考和判断，千万不能当众指出上司的不对，这对上司的脸面来说可挑战不小。对上司的批评应勇于接受和承担责任，不应该反过来指责上司决策失误。如果觉得上司的惩罚有失公正合理，可以私下里与上司沟通，不宜当众反驳，甚至争吵。

上司因为地位身份的原因，理应得到下属的尊敬。如果早上在走廊里见到上司，连招呼都不打一声便走过去，上司一定认为你是个没有礼貌的人。所以，见到上司的时候，尽量停下来，露一个温暖的笑容并礼貌地招呼一声吧。

如果你生病了或者有事不能到公司上班时，记得亲自给上司打电话请假并说明原因，不要让其他人代为请假或传话，上司会因为你不直接与其对话而认为你讨厌他或不重视他。

对于和上司一同参加的宴会、酒会等场合，要等上司先敬酒，先讲话，先举杯以后，自己再举杯。和上司同桌喝酒时，不要贪杯，别让上司看到你疯疯颠颠、呆呆傻傻的醉态。

对上司的尊重要出于真心，也要适度，不能因为他是上司，就一味地对其卑躬屈膝、唯唯诺诺，这是一种胆小和虚伪的表现，凡是明事理的上司都不会喜欢。

妥当地保护上司的隐私也是对上司的一种尊重。不小心撞见上司的隐私时应立即避开，不应随便谈及，更不该四处传播，别没事儿为自己找麻烦和为上司添堵。

当上司奖励你或为你发红包时，应及时感谢。但不要在同事中宣扬炫耀，别让上

对上司最基本的态度应该是服从和尊敬。

司为自己刚刚发出去的红包而后悔。

无缘无故不要给上司送礼，尤其是贵重的物品，弄不好会让你有贿赂的嫌疑，也可能让上司尴尬和为难。

明白上司与你再好也是你的上司，你们之间应该有合理的距离。别以为上司把你当朋友就真拿自己不当外人。在公众场合与上司过度开玩笑或勾肩搭背都会引起上司的反感，或给自己造成负面影响。而作为女职员，在这方面要更加注意，上司也许没有太多的时间来解决无端生起的花边新闻。

面对异性上司不一样的眼神时，更应该慎重，但也要自然坦荡，你拒绝暧昧的真诚态度会比任何语言都有效果。对于上司单独请你吃饭、喝咖啡、看电影的情况，应感谢其好意，并委婉地拒绝。上司送的礼物也不可随便收受，“拿人手短”可不是没有道理的，但要注意谢绝的方式和态度。如果真的遇到不自尊不自重的上司，对其不怀好意的动手动脚行为应给予坚决回击，没有什么好怕的，保护自己才最重要。

上司生病了，可以准备一份礼物去看望，并送上你的祝福，安慰他安心养病，相信他会感受到你的关心和温暖，进而更加重视和赏识你。人总得先学会做人，再学习做事。

Office相处法则

也许你在工作中很勤奋很敬业，可为什么上司就是不赏识你？也许你总是不忘经常地讨好同事，可为什么他们出去聚会时还是忘了邀你同去？也许你一向是个聪明圆滑的人，可为什么工作的时间久了，反倒把握不好 office 的相处法则了？究竟是哪里出了问题？

办公室是一个简单的工作空间，却是一个复杂的相处空间，这里有复杂的人际关系，还有语言禁忌、眼神禁忌、情感禁忌。没有一个人不想在 office 里八面玲珑、广受欢迎的，面对这个理想，办公室职业者们应该怎么做呢？我们可以通过点击下面几个关键词的方式，来了解一下看似错综复杂的 office 法则。

眼神。长时间地瞪着别人或盯着别人是失礼的，更别说对待朝夕相处的同事了。尤

对上司的尊重要出于真心，也要适度。

上司与下属的关系往往很密切也很微妙。

其是偷偷地盯着别人，会让对方特别反感，甚至会怀疑你居心叵测、心术不正或是接受了老板的指示而做监视的。殊不知，你很委屈，看人家的时候哪里怀着那么高深的心机，只不过因为他确实很帅，她的裙子太漂亮了，她走起路来十分迷人，自己得好好学学而已。可是，就被对方误会了，你怎么办？还是收回目光安心工作吧。运用好你的眼睛所传递出的眼神，才能让别人感受到你的欣赏、赞美、亲近和尊重。

语言。和你相处的极好的朋友，都会夸你善良、可爱、率真。可是为什么同事们却不爱和你讲话呢？记不记得有一次，一位女同事穿了个新买的裙子，问你怎么样，你看了半天，却开玩笑说："是挺漂亮的，可如果穿在我这么苗条的人身上效果会更好吧？"瞧你歪着头笑得多可爱，可你没看到女同事的鼻子都气歪了吗？语言是人与人交流交往的重要工具，说话的时候虽然不能花言巧语地像个骗子，可也不该太心直口快了，讲话如连珠炮一样毫不顾及别人的感受。也别刀子嘴豆腐心，谁愿意经常听到否定、批评和指责呢？

竞争。同事之间肯定因为工作的原因离不开竞争，但竞争应该是公平合理的，要以自己的勤奋努力和真才实学作为竞争的砝码。不择手段地压制别人弄虚作假、暗中操作，是很不光彩的行为，即使你取得了成绩和成功，也无法让人信服和钦佩。

尊重。这是每个人都想得到的一种感觉，就像你不小心看到同事收到的一张语言暧昧的卡片，而要平静地忘掉此事，这种对他人隐私的保护就是一种尊重。同事间相处，要试着尊重别人的意见、习惯、隐私、人格等。尊重是平等的，学会尊重别人，你才会得到更多的尊重。

张扬。一件很棘手的工作，如果你积极努力地去做并很好地完成了，这是你的能力。可如果因为这种能力，你再看到别人做这样的工作时，却很不屑地说：“这个我做过，你还做它干吗呀？哟，你怎么给弄成这样啦？”这就是张扬，就怕别人不知道，就怕别人注意不到你。张扬是一种态度，是自傲、自大、自恋和过度的自我保护。办公室内是最容易产生嫉妒的地方，太张扬了绝对没好处，也会显得一个人缺乏涵养。

距离。和同事融洽相处、真诚交往、和谐工作会让你成为一个受欢迎的人。但是办公室内的距离意识是属于这个工作圈子的一个小小规范。同事之间大多存在利益关系、竞争关系，所以不要与别人谈论很私密性问题，更不要在背后论人是非，甚至拉帮结伙，搞小团体。

恋情。很多公司在员工手册中明确规定：不允许办公室恋情。其实想一想也是有道理的。因为同一公司的两个人谈恋爱，不只涉及感情，还涉及两个人的工作、情绪、竞争、利益甚至部门的业务和机密。如果公司有这样的规定，还是理智地遵守比较

办公室是一个简单的工作空间，却是一个复杂的相处空间。

好。但假如真的认定那个人也是你生命中很重要的人，鱼和熊掌的取舍要把握好。

工作场所可是与职业者息息相关的地方，聪明的人不该把那里变为地狱，遵守office 法则，处理好人际关系，你将离天堂很近。

第4章　精致的细节

Fine detail

有那么一些细节，让我们的生命体会精致；有那么一些细节，让我们的心灵感受阳光；有那么一些细节，让我们的世界更加和谐。这，就是细节的力量。

良好的形象是参加会议的必修课。

会议的礼仪细节

会议，以它几十分钟甚至几个小时的精彩或沉闷，来检验一个职业者身处特殊场合最基本的能力和礼仪。所以，对会议不但不可轻视，反倒要正视和重视。

很多正规的公司每周都会有一次或两次的例会时间，用这个时间来总结前一周的工作，安排下一周的计划。应该说，这样的会议是一个无法拒绝的场合，是一座起到关键作用的桥梁。

员工与会议就这样被紧密地联系起来了。不管你喜不喜欢参加会议，只要你出席了，就不可以破坏了自己平时塑造的良好形象。注意一些会议的礼仪细节，当然也是一个人全面的素质与修养的体现哦！

所有场合的礼仪细节都应该是从仪表的细节开始的。因为，以一个不得体的形象出现在某个地方，这个身体与这个气氛便是格格不入的，何谈思想和交往的进一步深入呢？

妆容清新淡雅，服饰大方得体，这是参加会议时对仪表方面的最基本要求。具体地说，女士不宜素面朝天，但也不宜浓妆艳抹，应化雅致的职业妆。男士也应保证对面容最基础的清洁和修饰。

着装上，当然是以职业装为宜。男士着属于他们的正装——西装。女士可以选择套装、套裙和一些大方和谐的搭配。但应注意款式与色彩的变化，最好避免夸张的、前卫的、花哨的等非正式的服饰。女人们秀美丽可以在休息和休闲时间，在工作时间，尤其是会议这样的严肃场合，还是体现着庄重为好。

仪表没问题了，举止也应该相协调才行。开会时的举止肯定不是从你的第一个手势、第一句谈话开始的，而是从你进门的时间开始的。良好的时间观念代表着一个人良好的举止。开会迟到的人通常是不懂礼貌的人，因为开会不可能是你一个人的事情。如果人家在等你，你就是在浪费大家的时间；如果人家不等你，你的进门也会对正在进行的会议造成打扰。所以不管参加什么样的会议，都应该做到准时。

说到会议上的举止，有这样一个笑话很值得我们思考。说某领导在前面讲话，讲到最后的时候，他说了这样一句话："如果后面交头接耳的人能像前面偷偷发短信的人一样安静，那中间进入梦乡的人就不会被打扰了。"

我们思考过后最终的结果是什么？也许都是一些很琐碎的方面：不要窃窃私语、随意走动、接听电话、收发短信，不要睡觉、打瞌睡、看书、看杂志、乱写乱画，请保持安静，并让自己的手机处于关机状态。正是这些琐碎，才慢慢地堆砌成了一个优雅的人在会议中的优雅。

而所有的优雅不只是体现自己的优秀，也体现着对别人的尊重。所以既然出席了会议，就不要轻易离开。如果是有迫不得已的原因必须离开，行动时应轻手轻脚，尽

会议上，以职业装为宜。

适当地发表自己的意见。

量不要影响到其他人或会议的进行。如果需要长时间离开或提前退场，应与会议组织者轻声打好招呼，并说明情况，表示抱歉后再离开。

对于开会感觉沉闷的人，从一定程度上来说，是缺乏参与意识的表现，这样才会感觉无所事事，转而去做与会议无关的事情。

公司开会时多多参与，适当地发表自己的意见，并勤于思考别人的建议，可以提高我们自身的语言能力、思维能力、业务能力等等。所以，做好会议上的参与和互动可是好处多多的，不要轻易放弃让自己有所提升的一切机会。

只是需要注意的是，我们自己发言时应讲究讲话的技巧，而倾听别人发言时应讲究聆听的艺术。在别人发表意见时，不应随意去打断，即使想反驳，也要等对方阐述完自己的观点，并以合适的态度和方式表明自己的想法。既谦虚谨慎，又大胆创新，这才有利于写字间里的白领们更好地起跑与腾飞。

酒会中的完美表现

当你在酒会上大吃大喝的时候，是否意识到这是极为失礼的行为？不要忘记，酒会的交际意义远远大于饮食意义。多了解一些酒会上的礼仪会让你的形象无限地接近完美。

酒会是社交活动中比较常见的形式，也是一个看似轻松愉快的场合。如果我们可以在酒会中把一个绅士或淑女的良好礼仪展现得更加优雅，那么，它可真的就是一个名副其实的快乐场所。

作为酒会，对准时出席的要求也许不如其他会议那么严格，但若许多客人都姗姗来迟，以致酒会推迟开始，同样会使主人感觉非常难堪。所以，出席酒会的人，还是应该尽量地把握好时间，一般以晚到 5 分钟为宜，以便给主人更为充足的准备时间。如果因事迟迟不能到达，还是应该与主人通个电话打声招呼，这会让你显得很有礼貌。而作为酒会的主人，也应该先关照一下几个要好的朋友准时出席，协助你完成酒会的事宜，这是很稳妥的。

出席酒会的人，应该注重自己的仪表，妆容得体，着装不宜太死板严肃。当然，根据不同层次酒会的要求来选择服饰的配合，会让你成为酒会中一颗耀眼的明星。进入会

轻松愉快的酒会氛围。

场内，随身携带的东西越少越好。最好不要让皮包、手袋等物品占据你的手，否则酒会开始的时候，将会很不方便。因为你无法一手端着酒杯，一手拿着皮包，还能再有多余的手与他人寒暄握手了。

因为酒会不等同于一般单调的会议，不是围着桌子严肃地讨论某个议题，酒会与交际有关，可也与酒水和食物有关。但要注意的是，酒会一般以酒水为主，食品从简，用餐时，依照合理顺序进行，既能保证自己吃饱吃好，又不失风度，何乐而不为呢？在酒会上用餐时，一定要避免无节制地大吃大喝，这样丢人的事情还是不做为好。

在酒会上取食物的时候，应该自觉排队，体现出一个人的谦谦风度和良好的秩序意识。取食物时，还有一条重要的原则，就是“多次少取”。即使是自己喜爱的食物，也应该只取一点点，不够的话可以下次再取一些。这一原则可是最直接地体现着一个人的优雅和礼仪啊。对于自己盘中的食物必须全部吃完，而且吃相应该斯文，饮酒时同样应该有度。在酒会上把自己灌得醉醺醺的实在失态，酒会虽好，但不要贪杯哦。

永远记得，参加酒会并不是为了来吃吃喝喝的，而是进行社会交往和联络感情的。从某种意义上说，酒会的交际意义远远大于酒会的饮食意义。所以，你需要与别人热情而礼貌地招呼、寒暄和交谈。别坐在角落里，一个人闷闷地喝酒或吃东西，那会让你看起来冷漠而难以接近。

和老朋友联络感情时也许会更加轻松愉快，而结交新朋友时要把握好时机，选择

妆容得体。

热情交谈，共享美食。

对方感兴趣的话题交谈，这样更有利于双方感情的深入和发展。不管什么样的谈话，都应该保证自己的态度是亲切的、友善的和愉悦的。用你的眼神、笑容和语言把自己变成一个易接近和受欢迎的人吧。

酒会虽然并不严格限定时间，但宾客也应体贴主人，适时离开。这样可以使主人得以很好地休息，如果主人还有其他的活动安排，也会免于打扰。如果有事提前离开，告辞的时候应轻声和小心，别弄得引人注目，几人相送的。而且因自己的原因离开时，不要约他人一起离开，这会让主人很不舒服，以致破坏了酒会的气氛。

如果你离开前已经向主人当面致谢了，证明你是一个很懂礼貌的人。但是，回去后，如果三天之内你还记得打个电话给主人，再次表达自己的谢意，那对方一定会很高兴，并对你产生良好而深刻的印象。

一次酒会就这样结束了，可你在酒会中的完美表现，一定可以适用今后的每一次酒会。

旋出舞会风情

在柔和低回的音乐里，在华美闪烁的舞池中，如果不跳上一支舞，实在有点可惜。现代人的社交活动越来越广泛了，舞会已成为一曲优美的华章。可是，你究竟会不会跳舞呢?

知道参加舞会时最基本的要求是什么吗? 是好的仪表、好的姿态和好的礼仪，这充分地保证了一场舞会的水准与档次。在舞会中，每个人都应该表现出自己的礼貌、风度与教养，以健康、高尚、美观的姿态把舞会推向高潮。

舞会中好的仪表。参加舞会时，应该适当地注意化妆与着装。女士的妆容要美丽雅致，男士须做到干净自然；女士要注意的是勿珠光宝气、浓妆艳抹，男士则要抵制胡子拉碴、不修边幅的形象。着装上，男士以西装为主，但不用十分正式和过于严肃，女士以裙装为最好，大方典雅，随男士旋转时便可飘出迷人的风景。

舞会中好的姿态。跳舞者身体要平直挺拔，动作要优雅自然。男士应用右手扶着女士的腰部，左手将女士的右手轻轻托起，女士的左手应该轻放在男士的右肩上。男士要注意带好舞步的节奏。

配饰为人们带来生动的魅惑力。

人们的仪态即代表舞会的水准。

跳舞时要保证自己的体味清香，别给对方造成嗅觉负担。而且要控制好呼吸和距离，适当的距离是一拳左右，靠得太近或搂得太紧都会有失端庄。共舞的双方可以寻找共同感兴趣的话题进行交谈，但要注意轻声细语，如果对方没有交谈的意愿，要给予尊重并保持沉静。

舞会上好的礼仪。邀舞可是有学问的，一般说来，应该是男士主动邀请女士共舞，没有特殊的情况，女士应该立即愉快地答应。如果实在不想应邀，应该委婉地谢绝，可以找“有些累”“不太舒服”或“真的不会跳”这样的理由，以免对方下不来台。一定不要直接说“不想跳”或摇头不语。

舞曲结束后，男士应该大方地表示感谢，并把女士带出舞池，或送回到原来的座位。

如果有两位男士同时邀一位女士跳舞，女士最妥当的处理方法应是同时礼貌地婉言谢绝，这至少不至于让某一方特别尴尬。而作为男士，应有谦让精神和大气的风度。

在私人的舞会中，每位男士原则上都应该邀请女主人共舞一曲，以表示被招待的谢意。还应邀请坐在两边的女士共舞，这是礼貌。对自己带来的舞伴更要细心照顾，

清新的体香为舞姿增色

不要让其受了冷落，而且，你的第一支舞和最后一支舞应该是留给她的，这是一种感谢和尊重。

男士即使再倾慕一位女士，也不要一直与其跳舞，那样容易引起别人的误会，也容易给对方造成麻烦。

如果有女士一直没有被邀请，男主人应该主动站出来邀请，不要让每一位客人受到冷落。

一般在舞会中，不要与同性共舞，这并不是雅观的行为。

把握好舞会中的细节和礼仪，会让舞池中的每个人成为绅士淑女，尽展优美的舞姿，舞出亮丽的风景。

生日聚会带去美好祝福

为他说一句“生日快乐”，为他唱一首生日歌，为他送一份生日礼物。当你的这些祝福被他点点滴滴地收藏在心里时，你知道吗，自己已经为另一个人制造了快乐的记忆，而你，也成为了这记忆的一部分。

也许，你是父母眼里的宝贝，他们想让你成长的某个瞬间珍贵定格；也许，你是朋友身边的开心果，他们想让某个属于你的日子开心永远；也许，你是恋人心底的挚爱，他想让那个特别的一天幸福无限。那么，以生日的名义举行的聚会里，包含着亲情、友情或爱情，那么多的“情”，可也别忘了，它还包含着礼物、礼貌和礼仪，那么多的“礼”。谁不希望于“情”于“礼”，合“情”合“礼”呢？

生日聚会大都是以年轻人为主的轻松而愉快的相聚。地点可以为家里以及餐馆、咖啡厅、酒吧、KTV 等娱乐场所，形式无外乎吃吃饭、喝喝酒、饮饮咖啡、唱唱歌、聊聊天等等。只要在那一天里，扮演好自己的角色就 OK 了。过生日的人做个开心幸福者，组织聚会的人做个周到筹划者，参加聚会的人做个真心祝福者，相信，每个人都会有美好的一天。

一般来说，参加生日聚会时的着装可以随意休闲一些，只有一个小细节需要注意，就是你选择的服饰尽量不要比主人的服饰华美高贵，因为她才是这一天的公主，作为好朋友，你应该积极地成就她公主一般的美好与骄傲。

聚会大都是兴奋而开心的，但不要忘记这个聚会是以什么样的名义哦。生日嘛，当然要有祝福和礼物才对。进门或刚见面时，先道一句“生日快乐”，便立即可以换得主人的欢迎与微笑，然后呈上自己精心准备的礼物。

如果不是有着特别的约定或者几个人合送一份集体礼物的话，每个来参加生日聚会

为朋友制造快乐的回忆。

的人都应该备一份礼，其实不管礼轻礼重，表达了心意才是最重要的。即使是一枝花、一张贺卡，也代表着在意和用心，千万不能两手空空而来，就算主人不表现出失望的神情而热情地招待着你，大概自己也会尴尬和不自然吧。所以只须一点点的用心准备，你就不会身陷窘境啦。

来参加生日聚会的人有义务把气氛搞得热烈、浪漫、美好、感人。突然一片漆黑，有人手捧插着闪烁的生日蜡烛的蛋糕，这景象多么温馨。瞬间鸦雀无声，然后好多人合唱一首最能触动他的歌，这场面多么感人。或者在意想不到的时刻，拿出一份神秘的礼物、请来某个特别的人，肯定会让他惊喜尖叫的。

尽量随着别人的快乐而快乐吧。每个懂礼貌的人，都不会让自己在这样的场合里闷闷不乐，郁郁寡欢。而且，千万不要无端生事，无理取闹，破坏原本和谐欢快的气氛。

生日聚会一般都没有时间的限制，但参与者要懂得适时地告辞，给主人休息的时间和独自回味快乐的机会，相信他绝不会怪你把他一个人撇下，反而会感激你的善解人意呢。

礼物为人们带来温情和感动。

中餐厅热烈的氛围

我们喜欢并适应中餐厅热烈的氛围，因为这里有热气腾腾的感觉，有推杯换盏的豪爽，有两支筷子架起的中国文化。但是，热闹并不代表可以闹得毫无规矩，中餐桌上同样有着尽显优雅的饮食礼仪。

中国人还是习惯于中餐的吧？但是否也习惯于中餐的礼仪呢？没办法，不习惯也得去适应，谁让中国是礼仪之邦呢？

请让这礼仪先从举止开始吧。吃相是体现人美感的一个方面。也许你认为狼吞虎咽、无所顾忌地吃饭可以看出一个人的实在与率真，可如果这种率真引来同桌人的侧目和嘲笑的话，是不是有点得不偿失呢？所以，还是保持一个文明的吃相吧。让嘴巴张得适度，小口地吃，慢慢咀嚼，尽量不要发出声音。在进餐时，如果吃到鱼刺、肉骨之类的东西，不要到处乱吐，可以用筷子取出后放在碟子里。如果遇到自己无法下咽的东西，可以偷偷而迅速地吐到餐巾上并把其小心包好，不要直接吐出来，那样会令别人也难以下咽。

使用筷子是中餐的特色与象征，会使用筷子，并能正确使用筷子的人不知会被多少外国人羡慕呢。但我们这里所说的使用筷子不只是平时吃饭的时候随便地夹夹菜，而是正式场合中餐桌上的筷子礼仪。

非常讲究卫生和礼节的人，通常习惯于几个人一起吃饭时使用公共筷子把要食用的东西夹到自己的盘子里，然后再用自己的筷子食用。而且，夹菜的时候应注意不可在菜盘里翻来翻去，也不应夹起后再放下，看准了再夹会比较好。

另外，在使用圆桌转盘时，转动的方向应该是以逆时针旋转为宜，而且要等到菜盘转到自己面前时再动筷子，不应抢在邻座的前面先夹菜。有人在夹菜时，也不要急于转动，而让其受到影响。

在餐桌上，筷子是用来吃菜的，所以不要拿着筷子随意摆弄或说话的时候用其指着别人或比比画画。这是很失礼和不文雅的举止。

使用筷子是中餐的特色与象征

用筷子练就好吃相。

餐桌上一般是少不了酒的，中餐厅的气氛之所以热烈，正是一次次地举杯敬酒和把酒言欢带来的。而人与人之间的感情交流也会随着酒杯的碰撞而不断深入和升华。

一般在酒席开始后，主人往往会先讲几句话，再进行第一次敬酒，这时，宾主都应起立，共同举杯。而宾客不宜抢在主人前面敬酒，那会显得有些失礼。

在敬酒之前，应注意观察在座的每个人杯子里是否有酒，如果能主动为别人满上，会看起来更有诚意。当有人为你敬酒时，你也要记得找个机会适时地回敬，正是这样的你来我往才能更好地烘托出融洽和谐的气氛。

对于不会喝酒或滴酒不沾的人，他人不应百般勉强，你可以礼貌地劝酒，如果对方真的不会喝或不能喝，也不应小肚鸡肠地以为人家不给你“面子”。同样，不能喝酒的人，在接到他人敬酒的时候，应先表示感谢，再为自己无法喝酒而抱歉，真诚而有礼地回绝别人才不至于让人太难堪。而且，不可以起先推托不喝，中途却开怀畅饮起来，这样的做法显得很没诚意。

无酒不欢是中餐的特点。

酒桌上，时常会有饮酒过量的情况，这时，就不要故意逞强再喝了，也不要主动向别人敬酒了，酒喝多了不仅会失礼失态，更重要的是会伤身。适可而止，喝好而不要喝倒。

最后，清醒而真诚的朋友，为了中餐厅这种热烈融洽的氛围，干杯！

西餐厅宁静的优雅

第一次走进西餐厅时会紧张无措吧？看着那些刀刀叉叉、碟碟碗碗发呆是没有用的，不如在去之前认真地了解一下西餐礼仪，这样的你才能带着自信和从容微笑，优雅得体地进餐。

与恋人对坐在正式的西餐桌旁会是什么样的情景呢？柔和的灯光，低回的音乐，精美的红酒，会培养出怎样浪漫甜蜜、宁静安然的心情？这就是西餐厅，也是优雅无处不在的别致场所。

走进这种场所前，每个人都有必要留意一下自己的仪表。穿着合体的服装，所有体现端庄优雅的服饰在这里都是受欢迎的，不过，这里并不欣赏T恤衫、牛仔裤的随意个性。因为，一套无法与场合和气氛相协调的服饰，任谁穿起来都是不和谐的。

化妆方面要尽可能地淡雅，不要涂着浓艳的胭脂，散发着低俗的香气，并让葡萄酒杯上印满香艳艳的红唇痕迹，这会破坏了西餐厅所有美好的气氛。

进入西餐厅的时候，如果你有手提袋、皮包等，可以将其放于椅子的右侧，自己脚的旁边。如果椅子下面有个小篮子的话，可将手提袋放入篮子内。只要是坐在餐桌旁，就不要再做摆弄头发、照镜子、补妆等这样的小动作了，这会给别人留下不好的印象。

在使用桌子上的餐具前，如果发现餐具不干净，可以招呼服务生为你换一套干净的来，不要自己取餐巾擦拭，这样的行为看起来真的很多余。

西餐厅内的气氛一般是和谐而宁静的，你可以与人脉脉地相望，低声地交谈，轻轻地碰杯，可以用微笑来传递你的感情，但就是不可以高声喧嚣、呼来喝去。一切吵闹的、张扬的、尖锐的都不适合西餐厅内低调婉转的优雅。所以，应时刻注意自己的声音和举止，不能太夸张了。

也许我们用拿惯了筷子的手去拿西餐所用的刀和叉时，会不太适应，但每个进入西餐厅的人都有必要在去之前了解一下西餐餐具的基本用法，如果刀叉拿错了手，那是一件自己都会尴尬的事情。

一般情况下，是左手拿叉（当然左撇子的人另当别论），右手拿刀，拿叉子时应将食指伸直按住叉子的背部，刀子除了与叉子有同样的拿法外，还可以用拇指与食指紧紧地夹住刀柄与刀刃的接合处，但不要以全部的手指相握。

用餐中，你肯定不希望还没吃完就被服务生收走盘子吧？那就不要在用餐中途，将刀和叉的柄放入餐盘内，或将刀叉平行并摆后放入餐盘中，这是“结束用餐”的意

西餐厅也是优雅无处不在的别致场所。

低声地交谈，轻轻地碰杯。

思。如果只是想休息一下，可以将刀叉呈八字形摆放，而刀刃侧必须面向自己。这一点很重要，即使是用餐完毕，刀刃的摆放方向也应该是向里的。

当刀叉不小心掉到地上时，不要自己勤快地弯腰去捡，这时，你可以请服务生帮忙捡起，别觉得不好意思，这可是西餐厅内一种得体的举止。

使用刀叉时，不宜拿在手中随意摆弄、挥舞，更不宜用其指着别人说话。

餐具会用后，就可以用它们品尝美食了，可是还不能忽视了自己的吃相哦。西餐是最应该一小口一小口优雅地放入口中的，而且在切割食物时，应该先只切下一块，吃完后再切另一块，不要切好一盘子的食物，再拿起叉子大快朵颐，这样的吃相可是要多粗俗就有多粗俗啊，绅士淑女们万万不可以这么做的。还有，吃东西的时候需要安静，不要发出声音来。

用餐的时候，也许会发生些小意外。比如，你吃到一口很烫的食物，这时，应该迅速地喝一大口水来解决。如果身边没有凉饮料而你的嘴已被烫得无法忍受时，才可以把食物吐出来，但要将其吐在你的叉子上或手上并迅速地把它放在盘子边上。遇到坏掉的食物也应这样处理。

精致的餐具，文雅的吃相，良好的举止，共同打造了西餐厅宁静优雅的情调，请举起美妙的红酒，Cheers！

品咖啡中的小资情调

很多人喜欢咖啡，无条件地喜欢，无条件地接受。在家里，在西餐厅里，在咖啡馆里，在所有能找到咖啡的地方，那样执著地爱着。可是，爱总是需要付出的，拿出你的优雅，来品味一种情调。

一个人在家，音响里有感伤的音乐缓缓流出。外面是很好的阳光，从水蓝色的窗帘外倾泻进来，照在窗边的沙发上。沙发上有很软很软的垫子，垫子里有一个女子，

用刀叉享用美食。

宁静优雅的情调。

穿着棉布的裙子，腿上有本摊开的时尚杂志，手里是个精巧的咖啡杯，浓浓的香气袅袅娜娜地飘散出来，溢满了整个房间。空气里弥漫着咖啡的味道和小资的情调，竟那样霸道地掠夺了此刻的时间与空间。

卡布奇诺、蓝山、拿铁、曼特宁……每种咖啡都有其独特的性格与味道。品着它们，宛如品着优雅的生活。只是，你想过吗？如此优雅的物质，该与怎样优雅的举止和美好的心情相配呢？

在咖啡厅那样迷人的环境里，当服务生为你端来一杯刚煮好的咖啡时，请不要急于去喝，否则会不小心烫到嘴的。你可以用咖啡匙轻轻地搅动，也可以等待其自然冷却，但就是不要端起杯子来不停地用嘴吹，这可是喝咖啡时很忌讳和很不雅观的动作。品味咖啡是急不得的，你没有那份闲适的心情还是不要来咖啡厅喝咖啡的好，因为你无法真正地融入这个环境带给你的享受。

喝咖啡与喝酒不一样，就算再好喝也不可以一饮而尽。最标准的姿势应该是：用左手端住咖啡杯的托盘，盘的高度与胸部相齐，右手持杯并将杯子端离托盘，缓缓送到嘴边，喝一口再轻轻放下，用心地品尝唇齿间的香和对下一次的期待。

将咖啡杯端起放下是很优雅的一组动作，所以千万不要为了省事而用咖啡匙舀着咖啡喝，也不宜找来一只吸管插在杯子里吸，你不是在喝汤也不是在喝可乐，一定不能丢了咖啡的风格。另外，使用咖啡匙的时候，应以左手指尖捏住杯耳，再用右手拿匙轻轻搅动，香气缭绕里展现的便是最美的举止。

苦味是咖啡的一个特色，如果你吃不了"苦"，可以为咖啡加入一些糖和奶。砂糖一般是装在小袋里的，你只需将其撕个小口，把糖撒入咖啡杯内，轻轻搅动几下就好了。如果是方糖，通常是装在专门的容器里的，需要加入时，应用夹子将方糖夹起放在咖啡碟的近身一侧，再用咖啡匙将方糖放入杯子内。注意不要用手或夹子把方糖直接扔到杯子里，那样很容易让咖啡溅出来，弄脏衣服或台布，而且这样的举止也有失文雅。

每种咖啡都有其独特的性格与味道。

吃不了“苦”，就为咖啡加些奶和糖。

糖和奶算是与咖啡固定搭配的伴侣，但如果你喜欢在喝咖啡的时候吃一些小点心的话也没什么不可以，但要注意别一只手端着咖啡杯，另一只手拿着小点心，边吃边喝地交替进行。难道你忘了，喝咖啡的标准动作是左手托盘，右手持杯，哪里还有另一只手拿点心嘛。另外，吃点心的动作也应该是轻缓的，这才与咖啡时间相协调。

咖啡厅里是比较适合与亲密的人一边慢慢品味咖啡，一边低声聊几句的。在这种浪漫的小资情调里，随便说说各自的心事与情感，是何等惬意的事情。只是让你的声音尽量符合环境的幽静，别用你的高声谈笑惊醒了旁边沉醉的心。

无论享受着家里饮咖啡的舒适，还是感受着咖啡厅里品咖啡的情调，咖啡所给予我们的都是一种浪漫的优雅和温馨的放松，还有对感官暖暖的抚慰。有时想流泪，却有幸福的滋味。

如茶般的闲适人生

茶是安然、沉静、雅致的事物，也是中国的一种文化。当我们在装饰古典的茶楼里，听着舒缓悠扬的音乐，看着精湛的茶艺表演，手捧一杯香茗，以一种闲适的心情轻轻

红茶是温暖的慰藉。

地品着其中的味道时，这是怎样的人生？如茶般的人生，还原了这个繁闹都市以外所有的宁静与优雅。

品茶应该是一件悠然的事情，其地点的选择，可以在自己的家里，也可以在外面的茶楼里。可以独自细品，也可以与朋友共享。但无论怎样，你所选择的环境，都应该是整洁、美观而宁静的。

一间整齐洁净的茶室是对品茶环境的最基本要求。而美观的装饰与摆设会让人在精神上愉快舒适。宁静却应该是茶室中的所有人共同创造与保持的，即使你是来品茶的客人，也应该低声地谈话，不要高声谈笑，以免妨碍了其他人或打破了茶楼的气氛。

走进茶室的人同样也应该注意自己的仪表，因为这不但可以体现出一个人的文化修养，还能看出他的审美情趣，是每个人都不应该忽视的细节。衣着得体、妆容淡雅，才适合古典平和的茶环境。一身出入迪厅、酒吧的衣装，是不适合于出现在茶室里的。与环境不相协调的仪表，任谁看起来都会很别扭。

另外，让自己的站立坐姿、举手投足也尽量做到端庄与轻柔，还有声音，相信在这样的环境中一定会渐渐地低缓与柔美。

闲暇的时候，去品品茶吧。但无论是进茶室还是在自己家里请朋友共品，知道一些品茶的礼仪与文化都是很有必要的。

不管是西湖龙井、洞庭碧螺春，抑或是黄山毛峰、祁门红茶、安溪铁观音，茶都是有属于它的特点和性格的，当然泡法和饮用的礼仪也不尽相同。下面就让我们从绿茶、红茶和乌龙茶开始说起吧。

绿茶是我们比较常见的茶叶品种。对名优绿茶的冲泡，一般视茶的松紧程度，采用两种方法冲泡：一是上投法，它适用于外形紧结的高档名优绿茶，诸如西湖龙井、洞庭碧螺春、蒙顶甘露、径山茶、庐山云雾、涌溪火青、苍山雪绿等，特点是比较鲜嫩，所以在冲泡的时候，不宜在杯子里直接泡，而应该先将85℃~90℃的沸水冲入杯中，然后取茶投入，茶叶便会徐徐下沉。对条索比较松散的高档名优绿茶，一般采用中投法，即先置茶，后冲入沸水。泡茶水温在85℃~90℃为宜，水量为杯容量的1/4或1/3，使茶叶吸水舒张，便于茶汁析出，约30秒后开始冲泡。

绿茶可以用瓷杯喝，但更多的是用盅来饮。一般来说，一壶冲好的绿茶，应及时地倒入准备使用的茶盅内，如果一次性倒不完，也应将剩下的倒入其他的容器里，就是不要将茶水留在壶内，壶底应该只剩茶叶才对，这样茶叶就不容易被开水焐到了，你喝到的绿茶才会更加新鲜美味。

茶室内的环境多是比较宁静的，所以喝茶的动作也要与之相协调，尽量做到缓慢

安然、沉静、雅致。

闲暇的时候，去品品茶吧！

文雅。喝绿茶的时候，将一只手的拇指与中指持盅口，另一只手的中指或与食指轻轻托起盅底，慢慢移送到唇边，细细品用。

与绿茶不同，饮红茶的时候需要用瓷杯，而且将茶叶放入杯中之后，注入多少水是有讲究的，水占杯子空间的七成比较适宜，这样端杯的时候水才不会溢出来。

品红茶时最优雅的举止应是，一手持杯耳，另一只手轻轻托住杯底，轻移至唇边饮用。在为别人递茶的时候，应一只手持杯耳下端，另一只手轻托起底部，接茶的一方可以一只手持杯耳的上端，另一只手托起底部。要注意的是，身体不要太僵直，微微弯曲向前比较好。相信在送与接的过程中，你的礼貌与心意也在传递。

乌龙茶是一种是介于绿茶和红茶之间的茶叶。它具有绿茶清香的气味和红茶甘甜的口感，并且巧妙地抑制了红茶之涩和绿茶之苦。

要想领略到乌龙茶的真香和妙韵，掌握乌龙茶的冲泡要领很重要。首先要有考究

宁静的茶室，协调的动作。

而配套的茶具。最好选用宜兴紫砂壶或小盖碗（三才杯）。杯具，应选择极精巧的白瓷小杯或由闻香杯和品茗杯组成的对杯。壶，应选年代久远的壶。人多喝茶，选择较大的“得慧壶”。器温和水温都要高。泡茶前先把烧开的水倒进壶内烫一会儿，再把杯子烫热，提高器皿的温度，才使泡出的乌龙茶的内质发挥得淋漓尽致。泡茶的水沸腾在 100℃，是很有说道的。唐代被尊为茶圣的陆羽谓水有三沸：“其沸如鱼目、微有声，为一沸；缘边如涌泉连珠，为二沸；腾波鼓流浪，为三沸。”滚开的水，有老、嫩之分。一沸之水太嫩，劲不足，泡出的茶香味不足。三沸的水又太老，因水中的氧气、二氧化碳气体已挥发殆尽，所泡出的茶汤既不鲜也不爽口。唯有二沸的水称为“得一汤”。“天得一以清，地得一以宁”。用二沸泡出的茶，茶质发挥到极致、五味俱全。而且乌龙茶应“旋冲旋啜”，即要边冲泡，边品饮。冲泡的时间要掌握好。泡的时间过长，茶必失味而苦涩；冲泡时间过短，色浅味淡没有韵。头一泡茶闷茶时间由 20 秒到 2 分钟不等。以后每一泡要顺延 10 至 30 秒钟。好的乌龙茶“七泡有余香，九泡不失茶真味”。优质的乌龙茶，一壶可冲泡 12 次。

茶韵芳醇。

每种茶都会有自己在茶文化的发展延续过程中所形成的礼仪，而更多的茶文化和礼仪需要每一位喜欢茶接触茶的人慢慢地去领悟，细细地去品味，要不然，怎么能叫品茗呢？希望每位品茗者都能有如茶般淡然的个性，如茶般闲适的人生。

灯红酒绿中的酒吧文化

我宁愿相信去酒吧的大多数人都是有素质的白领和粉领，他们也希望自己栖身的场所是一个有格调而又文明的地方。所以，酒吧的文明需要我们共同打造，并建立起属于酒吧的文化。

离住处不远的地方有一间酒吧，不大的门面，却有一种说不出的迷离。白天一次次地从门前经过，门上的三个字始终是暗着的，紧闭的朱户，看不到任何光亮透出来。

酒吧大都是从傍晚开始营业的，这家也不例外，那闪烁的灯光，只有在黑夜的映衬下才显得更加清亮。于是在一个月上梢头的夜晚走进去。第一次看到烫着波浪长发的风情万种的女子，坐在吧台边的高脚凳上，慢慢地饮着，眼睛里有些许落寞。也第一次看到那般忧郁的男子，一口接着一口极连贯地把酒灌进肚子里，不知道心里有着怎样的痛楚和呐喊。

说不清是酒吧属于夜，还是夜属于酒吧。总之，就是在这样的时间和空间里，都市人的情感会得到最自然的发挥与释放。

因此，去酒吧放松时当然可以穿得随便一些，个性一些，但女士们还是需要注意尽量别穿得太过性感和暴露，因为这或许会为你带来很多不必要的麻烦。在这里虽然任何人都不被要求必须怎样着装，可懂得保护自己是关系到个人安全的问题。

酒吧里虽然无法避免地要闹一点，乱一点，可言谈举止是在任何时候都能看出一个人的修养的。你与朋友坐在这里聊聊天，发泄一下情绪没什么不好，可如果大声喧哗、高声谈笑，甚至对别人语出伤人就不是良好的行为举止了。另外，也不要刁难酒吧里的服务生，服务人员是为你服务的，理应尊重他们的工作和人格。

对酒吧里的歌手也一样，如果你向他们点歌，应懂得给其小费。但是，趾高气扬地把钱扔给歌手是不礼貌的，别把自己当菩萨像是在救济谁，歌手演奏出的是一种艺术或音乐，你应该很高雅地捧一束花，并把小费放到花里，捧到歌手面前。而且，点歌的时候，应叫来服务生，让他帮忙向歌手转告你的需要，或写一张条子让服务生为你传递过去，别粗声粗气地对着歌手喊叫，请用礼貌含蓄的方式表达自己的需要吧。

如果你想唱歌，也应和服务生打个招呼，让他为你做简单的安排。最好可以让自己优美的歌声和同样悠扬的伴奏相映生辉。在别人唱歌的时候，也应该为其捧场，报以掌声，给予赞美的目光。

个性的穿着是酒吧文化的一部分。

用一首歌的时间松绑自我。

在酒吧的气氛里，你可以情不自禁地与同来的异性朋友共舞一曲，但它终究和舞会不同，还是不要随便请陌生人跳舞为好。这也是一种礼貌，如果你不懂这种礼貌而被人拒绝的话，大概也会很尴尬吧。

也许酒吧可以更好诠释酒、男人和女人。酒对于有些人来说是欲罢不能的东西，这些人不分男女，只是看自己的喜好和迷恋程度。但知不知道，有节制的生活才能让人更健康美丽？所以，不管身处多么适合饮酒的场所都应把握好自己，醉了的感觉不一定很舒服，醒来时或许会更难受。

女性尤其不要贪杯，因为不清醒不理智的时候很容易做了令自己后悔一生的事情，或者也会那么轻易地就接近了危险的边缘。

寂寞的男人和寂寞的女人，在同样寂寞的酒吧里，真的会上演一场热闹的戏吗？

适度放松，不可贪杯。

KTV里也不要想唱就唱

你是 KTV 里的“麦霸”吗，握着话筒一支接一支地唱？还是只躲在角落里一言不发，落寞明显地写在脸上？不论哪种情况，都应该努力地调整自己，来适应这种共同欢乐的气氛。

不管你喜不喜欢唱歌，不管你习不习惯 KTV 里喧闹的气氛，朋友、同事、熟悉的合作伙伴之间相约着去 K 歌已成为时下最流行的娱乐方式了。也许到那里只是去唱唱歌，可如果通过这“唱”既联络了感情，又放松了心情，何乐而不为呢？

但是，包房并不是只属于哪一个人的，和别人一起去 K 歌时，还是“悠”着点儿好，不能想唱就唱，注意一些 KTV 里的小细节，你便很容易成为一个受欢迎的歌者了。

首先，做个有备而来的人。有朋友对我说过，当他在歌厅里为众人献了一首经典而好听的歌时，没人知道他在家里曾练过几十遍。所以，如果你不是音乐天才，也不经常去唱歌，那么，当有机会去 KTV 唱歌时，记得在家里用心地练习两首，这样就不至于在歌厅里制造“噪音”，折磨别人的耳朵了。同时也使自己免于慌乱与难堪。如果实在是五音不全，那还是少唱多听为好，或者适当地选择曲目，懂得隐藏自己的弱点。

KTV 里是很需要热闹欢快的氛围的，每个人都应该积极献唱来活跃这种气氛。但是，任何人都没有权利要求另一个人非唱不可，对于他人因身体原因无法唱歌或根本不会唱歌的情况应给予理解，不应勉为其难，强迫人家唱而让其难堪就不好了。

而作为无法参与唱歌的一方，也不应只沉闷地坐在一旁，可以欣赏别人演唱并为其喝彩，也可以在没人唱歌的时候与身边的人交谈，还可以邀请别人同唱一首歌。这样，你既体现出了参与意识，也很好地掩盖了自己音色音调方面的不足，真正两全齐美呢。

懂得欣赏别人的歌声，是歌厅里的一种个人素质的体现。不论是喜不喜欢唱歌的人，都应该在自己没演唱的情况下，专心地聆听他人唱歌，并为其捧场，给予更多的鼓励和掌声，每个表演者都渴望着被人欣赏。所以，千万不要心不在焉地做其他事情或与身边的人聊得热火朝天，以致唱歌的人唱了什么一句也没听清，这是不礼貌的，小心别人也以同样的方式来对待你。另外，不论别人唱得好不好，既然敢于在众人面前献唱，理应给予掌声，万万不可笑话人家跑调或唱得不好。

即使你是 KTV 里的 K 歌高手，也应在与他人一起去唱歌时有所控制，不要一个人一连点好几首歌，甚至拿着麦克就放不下。这会让其他想唱歌的人感觉郁闷和反感。

有备而来。

渴望被人欣赏，也懂得欣赏别人。

又不是你在开个人演唱会，还是懂得照顾一下别人的情绪吧，别做“麦霸”，那是一个让人讨厌的角色。

对于歌声，没人要求你必须像歌手那样动听，但至少应该悠扬一些，悦耳一些，别声嘶力竭的，像是要将房顶掀开。

注意了这些小细节，相信会有更多的人，带着他们美好的歌声，在 KTV 这个轻松愉快的场所里真情发声。

碧水荡漾出泳池细节

在炎炎夏日里，你是不是只想找一泓清泉，把自己泡在里面，是不是想在碧水里畅游一番，水波涌动的时候，心情也跟着涌动起来。游泳早已成为人们最为喜欢的运动和休闲方式之一了，只是不要忘记，开心嬉水的时候也应该展现出美丽别致的风情与礼貌。

由于游泳是一项水里的运动，所以保证人身安全极为重要。初学者和不会游泳的

相约畅游，释放心情。

人应该待在浅水区，慢慢地练习和感受。也许初学者的动作姿势不太熟练，所以要尽量在人少一些的地方，这样你腾起过大的水花时才不会给别人带来太大的麻烦。可是也应有同来的朋友跟随和保护，不能一个人完全脱离人群，以防发生意外。

如果别人在水中嬉戏时把水泼到了你的脸上或身上，想来你也会不高兴吧？所以还是注意一些好，两个人玩闹的时候，不要相互泼水，殃及周围的人，会引起别人的不满与反感的。就算是同来的朋友也不应趁人不备将其推入水中，那不仅很不礼貌，重要的是还存在危险。

凡是在泳池内游泳的人，都有义务保证泳池内水质不被污染，因为当你处于水中的时候，那也是与你息息相关的环境，即使你走了，可还有别人在，每个人都能自觉一些，才能有良好的清池碧水。

一般泳池内是不允许带食品饮料进入的，最好严格遵守，同时，也注意自身的卫生情况，游泳前尽量先去沐浴，把身体的汗水、脏物、护肤品残留洗去，做一条清洁爽净的美人鱼吧。如果你刚刚染了头发，一两周之内最好不要去游泳，小心化学物品浸透于水中。另外，游泳时一定要戴上泳帽，即使是男士很短的头发泡在水中，也是

极不卫生的。总之，保证优质的环境和良好的水质，不只是为别人着想，也是在为自己。

游累了的话，很自然地会坐在泳池边沿上休息一会儿，但应注意不宜长时间地坐在那里，甚至晃着两条腿边踢着水边和身边的人聊天，这都是极没涵养的举止。你可以去休息区，披上浴巾，做一些休息调整，也可以随便地喝点什么，再与朋友闲谈几句。因为，这里才是光明正大休息的地方。但如果看到休息区的座位上有别人的毛巾，就不要坐了，也许它的主人很快就会回来。

同样，也尽量别在泳池边长时间地打电话。在公共场所，你的肆无忌惮总会妨碍到其他人的，何况，这也不是煲电话粥的地方，这样的事情还是到休息室去做为好。

如果实在忙得分身乏术，也没必要非去游泳不可。试想，如果别人都在碧水里畅游畅玩，而你却坐在休息区看工作文件或手提电脑，这是与环境、气氛、心情多么不协调的举动，你的工作又不是做给别人看的。

找点空闲，相约去游泳吧，听水的召唤，给心一个释放的时间，给身体一个美丽的空间。

认真用心，量力而行。

健身时更适合清爽的妆容

健身场所的大方举止

只知道如何对待运动和做什么运动是远远不够的，因为很多运动都是在特定的场所内进行，比如健身房、球馆、泳池等，如果在这样的公共场合内，只顾自己，而不考虑别人，你很快就能感觉到健身给你带来的负面影响了。不要等到身体强壮了，心灵却变得脆弱。

白领们在面对社会压力、积极工作的时候，也别忘记身体的健康和健美同样重要，空闲时去健身场所挥挥汗，才会让你有更充沛的精力和体力面对事业、感情和生活。

练就优雅仪态。

千万不要等到疾病找上门或身材臃肿得不成样子后，才感慨“健身要趁早啊”！

现代的健身方式有很多种，每个人都可以根据自己的喜好和身体状况来选择。如果你不喜欢跑步，大可以不用每天 5 点钟爬起来，沿着护城河受罪，也无需在跑步机上气喘如牛。你可以选择一些球类运动、游泳、跳舞、瑜伽等其他的运动方式。当然，上下班时少坐几站公交车，步行一段路程也是不错的。总之，没必要勉强自己做不喜欢的运动，那样反倒容易引起厌倦的情绪而无法坚持了。

如果你不是一个人在家里运动的话，必然会需要一些场地来进行。所以，在健身场所表现出应有的礼貌和素质很重要。在使用器械和场地的时候，应有秩序有谦让，不要与人发生争抢或口角。还要把自己随身携带的东西放到合适的位置，妨碍了别人锻炼就不好了。如果你需要长时间的休息，就要放弃正在使用的器械，别搭条毛巾或放件衣服在那里占位置，自己不用的话应主动让出来供他人使用，这才是有修养的人该有的表现。

每个到健身场所来的人都是为锻炼身体而来，没有必要不好意思做某些动作或使用某些器械，大大方方地按照规则或教练的指导去做就好，这会让你很快地健美起来。

另外，把注意力放在自己身上，别紧盯着别人或对他人品头论足，对那些身材不是很理想的人，更不该用嘲弄的目光打击人家的自信。男士不应总留意某位女士，你过多过细甚至戴着有色眼镜去打量会让对方不舒服和反感，这是极不礼貌的行为举止。如果是与同伴一起来健身的话，也不应该时常地找其聊天或谈笑，你的行为不仅很容易妨碍同伴运动，还会打扰了其他锻炼的人。

对于有教练的场所或项目，应该给予教练应有的尊重。按照他们的指导或规范来完成动作和练习，既做到认真用心，也做到量力而行，当自己做得不好时，更不要对教练愤愤不满或乱发脾气。

如果不是想趁着健身的机会招蜂引蝶、卖弄风情的话，最好还是穿上合体适宜的运动装吧，太暴露太性感的衣服既不方便运动，也会引来别人的注目礼，甚至会有人为这种视觉的冲击感到尴尬。另外，去健身前女士们尽量不要化彩妆，否则流过汗后，你的脸会变成一只“花猫脸”的。只需要有干干净净、清清爽爽的妆容和衣着，就可以轻松灵巧地去健身了。

如果健身可以让人健康，一定要去；如果健身可以让人健美，也一定要去。健身愉快。

积极投入工作，身体的健康也尤为重要。

幽默无处不在。

恰到好处的幽默

嘲讽不是幽默，过度玩笑不是幽默，恶作剧也不是幽默。真正的幽默，是让人在开怀而笑的同时还可以学到一些什么，思考一些什么，领悟一些什么。

大概谁都不希望自己每天处在沉闷无趣的工作环境和生活环境中吧，如果能跟乐观开朗、诙谐幽默的人待在一起，听着那些可以调节气氛又无伤大雅的玩笑，该是多么幸福而幸运的事情。要知道，这样的玩笑可是一种很珍贵的幽默，它会让一些人快乐，并把这种快乐传递出去。可是，凡事有度，开玩笑也一样，如果尺度把握得不好，那反倒会弄巧成拙，引起某些人的反感，甚至不欢而散，那就失去了幽默的意义。

比如有些男士喜欢在酒桌上讲一些低俗的荤段子，还自认为挺幽默的，殊不知，坐在角落里的女士已经皱半天眉了，说不定心里正暗骂“流氓”呢。所以，开玩笑或讲笑话不应该只注重一时的乐趣，更应该注意格调和层次，低级下流的玩笑会让人觉得开玩笑的人也高级不到哪去。

另外，开玩笑的对象不应该是别人的某些缺陷，更不应该带着嘲笑的语气拿别人开玩笑。别忘记，揭别人的短处是很残忍的一件事情，别把自己的快乐建立在他人的痛苦之上。

不论你多喜欢开玩笑，也应该注意因人而异，因为不是所有的人都可以并喜欢接受到你的幽默。对于性格开朗、外向随和的人可以较经常地开一些玩笑，只是留神不要触到其短处或痛处就好。适当的幽默感会让双方的关系更融洽，气氛更活跃。但对于性格比较严肃、神经比较敏感或总是一本正经的人来说，尽量少与其开玩笑，或许人家很看不惯你嬉皮笑脸的样子，而你何必自作多情，自找麻烦呢?

因人而异开玩笑这一原则，要求我们对于首次见面的人不应该毫无顾忌地卖弄幽默。因为第一次打交道，你不太了解对方的性格，所以才要慎重。别因为小小的玩笑而惹怒了对方，你却还不知所以，而你们的友谊也没有办法再发展下去了。

即使对于喜欢幽默的人，也应该考虑一下场合与时机，不分场合时机地开玩笑，会让人觉得你不明事理并毫无一点稳重的样子。比如遇到别人悲伤、不幸或受到沉重打击的时候，就不要轻易与人开玩笑，那不但不能让别人感受到你的幽默和快乐，反而让人觉得你是在幸灾乐祸。所以，还是找大家都心情不错的时候展现你幽默的才华吧，在这样的时刻，别人才更容易认可你的幽默，并接受你制造的快乐。

开会时开个玩笑可以让大家的注意力更集中

探病时的礼节

探望病人和一般性拜访不同，因为病人的身体处在特殊时期，你理应很谨慎地对待这次见面，并注意见面后的礼节。这样才能让病人真正地感受到温暖，而不是厌倦。

遇到亲人、朋友、同事生病的情况，不闻不问是相当冷漠和不礼貌的。人在生理上经受痛苦的时候，心理上往往也会很脆弱。如果你能适时地去探病，带着你的关心，送去问候和祝福，病人就会深深地感受到一种温暖，并用这种温暖来对抗病魔的压力和郁闷的心情。

对于探病来说，有一点是和一般性拜访相同的，就是探病前要提前打个招呼，不能很冒昧很突然地去打扰病人。一般情况下，可以给病人家属打个电话或询问一下已去探过病的人，现在去探望是否方便。而且，最好打听清楚对方得了什么病，是否愿

陪伴病人的花束不宜有过浓的香气。

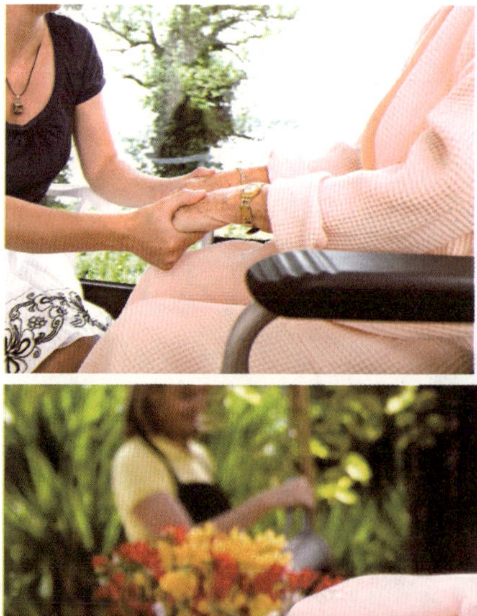

意见人？这样做，不但自己会有心理准备，病人也会有心理准备。

探病的具体时间，首先应遵守医院规定的探视时间。如果是在没有规定的医院或是家里，应避开清晨、中午、傍晚及吃饭时间，一般来说，上午 10 点到 11 点、下午 2 点到 4 点是探望病人的最佳时间。病人的身体大多很虚弱，需要更多的休息和静养，这就要求探病的人掌握好停留的时间，保证在 15 分钟至半个小时为宜。

探病时的着装和仪表也应注意一些，不要穿太花哨太暴露的服装，也不要让身体带着浓郁的香气，这样有时会让病人心烦。

要记得在进入病房前先敲门，这是进门前最基本的礼貌，然后，轻轻地开门和关门，并面对病人展露一个温暖的笑容，让病人感觉到你带来了阳光的气息。

病人也许很孤独很苦闷，你的到来可能会让病房的气氛活跃一些。对于有精力说话的病人，应多倾听其说话，并用柔和而认真的目光看着他，让其感觉到自己被重视、被关注。谈话的内容可以是一些病人知道或感兴趣的话题，但注意不宜过多地谈论病情。可以讲点有意思的事情，或给对方一些安慰，让其更乐观更坚强地对抗疾病。不管什么时候，一定要管好自己的嘴，比如，病人并不知道自己得了不治之症，可你却不小心说漏了嘴或给出了不好的暗示，那你的探病行动简直失败透顶了。

医院是一个安静的地方，不论你与病人聊得多么投机，都应该做到轻声细语，不

对病人展露一个温暖的笑容。

可高声谈笑，精神太过兴奋对病人的健康同样会有影响，何况，还有同屋的其他病人呢，不可妨碍了别人的休息。

在病房里，除说话控制声音外，还应控制好自己的举止，不应随便动病房内的东西，对于病床周围的那些医疗器械和瓶子管子等，不要大惊小怪，更不可乱摸乱碰。

探病的时候，是适于带一些礼物的，空着两只手去的话大概自己也会尴尬吧。但在准备礼物的时候，有必要去了解一下病人适合什么，忌讳什么。

对于长者可以送些营养品、水果、花篮等，而花的香气一定不要太浓烈。而一本好书、一张好碟、一些时尚的小礼品、一束美丽的鲜花，可以很轻易地打动年轻病人的心。去探望生病的孩子时，送一些精美的玩具比较适合。

好了，带上你准备好的礼物，还有你的关心、祝福、亲切、温柔，为病人那脆弱而忧郁的生活，开启一扇阳光之门吧。

送礼让友情更浓

有句俗语叫“千里送鹅毛，礼轻情意重”，可见中国人自古就懂得以礼品敬人，而在现代社会中，当我们探访亲友时，适当地准备和赠送礼品可以很好地表达我们的心意、祝福或者慰问。

送礼可是需要注意分寸和技巧的，礼物送得巧，才会为你的人际关系加分，一定不要让自己表达美好心意的行为弄巧成拙了。下面的细节也许会对赠送礼品有些许帮助。

细节一：对于某些特殊的情况，可以派人送上门或邮寄，一般情况下，礼物应当面送出，而且态度应该诚恳友善、落落大方，不可偷偷摸摸地将礼物放在角落里，这样反而会引起他人的反感和猜疑，会以为你赠送礼品是因为其他企图才无法光明正大。当然赠送礼品也不可过于强调，比如反复地提醒对方给他送来了多么贵重的礼品。总之，以适宜的态度，遵循适度的原则，送出适当的礼品就很好了。

细节二：即使是给关系要好的人赠送礼品，也尽量不要在公开场合进行，那样做会让对方尴尬，也会让别人误以为你在讨好对方。但对于有特殊纪念意义的礼品或者是极特殊的人除外。

细节三：请记住，在面对给一拨人赠送礼品的时候，不应只给其中的几位，也不可绝大部分都赠送了礼品，却只漏掉一两位。这都是失礼的，至少使没收到礼品的人感觉出了冷落。在这样的场合里，如果你只想送给某些人礼品，而不是全部都赠送的

精心准备礼物，为生活中的他们带去温暖。

话，那就私下里再送好了。

细节四：赠送礼品应该根据不同的人和不同的情况有所区分，因人而异。比如送给家境富裕者，礼品应精巧；送给家境贫寒者，礼品应实惠；送给心爱的人，礼品应突显爱意和纪念性；而送给老人，礼品应实用。

细节五：要记得不可以总是收礼，却从不赠送礼品给别人，一来一往，才会让送礼变得更真诚，更有人情味，更有助于拉近彼此的距离和日后关系的发展。所以也学会大大方方地为别人还礼吧，别让人家以为你是个一毛不拔的小气鬼呢。

细节六：不要随便给陌生人或与你交往并不密切的人送礼，即使那人是你仰慕已久的人，也应慎重，也许你出于好意的行为会造成他人的左右为难、措手不及。

最后，对于"不送礼便不能办事"这种说法，我们不加评论，我们所谈的送礼，是亲朋好友间的友情互赠，是朝夕相处的人之间的一种真心沟通，是让已有的交际圈子更加融洽和谐。

花喻花语

手捧九十九朵玫瑰的男子轻轻敲开心爱女友的门时，他们递上的是一种浪漫；手拎清新美丽的花篮推开朋友病房的门时，他们带来的是一份关切；手持一束洁白纯净的菊花走入亲人的墓地时，他们心头涌起的是一抹思念。这就是不同的花语。

不同的鲜花，不一样的心情，鲜花用自己特殊的象征，来传递或喜悦、或爱慕、或祝福、或哀伤的心情，这就是鲜花的语言，这就是送花的寓意。

予人玫瑰，手留余香。

根据不同的时间与场合，选择花语恰当的花束。

了解鲜花所象征的意义，对我们掌握送花的礼仪有很实用的价值，下面是一些常见鲜花的花语。

红玫瑰，表示“我爱你”。

粉玫瑰，表示“温情，文雅”。

白百合，表示“纯洁，心心相印，百年好合”。

野百合，表示“永远的幸福”。

康乃馨，表示“伟大，神圣，慈爱”。

郁金香，表示“胜利，美好，友情”。

茉莉花，表示“清白，优雅，相思”。

白菊花，表示“哀婉，思念，高洁”。

兰花，表示“谦谦君子，淡雅清远”。

丁香，表示“心有千千结”。

牡丹，表示“雍容华贵”。

龟背竹，表示“长寿”。

风信子，表示“喜悦，爱慕，浓情蜜意”。

紫风信子，表示“悲伤，凄婉”。

马蹄莲，表示“永结同心，吉祥如意”。

满天星，表示“关心，纯洁”。

夜来香，表示“亲密”。

花语不同，自然就得适应不同的时间与场合。如果你送的花不能与场合相符，那不但无法受到欢迎，甚至会激怒对方。比如，喜欢搞恶作剧的人，在别人的婚礼上送去一束白菊花，新人不对你横眉立目才怪呢。所以还是谨记哪些花适合哪些场合吧。

情人节，每年的 2 月 14 日。注定是玫瑰绽放的日子，这一天，不要忘记为自己的妻子或心爱的女友准备一束玫瑰吧，玫瑰的花语就是“爱情”，相信收到花的人一定会感动，快乐得心花怒放呢。

母亲节，每年 5 月的第二个周日。这是一个向母亲表达感激的日子，懂得感谢母亲的养育和操劳，所以应该将一束美丽的康乃馨放到她手里，也许她的眼里会闪着喜悦的泪花。

父亲节，每年 6 月的第三个周日。这是一个向父亲表达爱的日子，父爱如山，他们以那样沉稳的力量陪伴儿女成长的岁月。送他们一束黄色玫瑰，相信那坚毅的脸上一定会露出柔和的笑意。

每种鲜花都有其不同的象征意义。

拜访朋友时，可选择对方喜欢的花及颜色。如果不清楚的话，可选择观叶类或花期相对较长的花，这样可以让朋友长久地感受到你的心意。

乔迁新居时，可以送兰花或万年青，不仅可以绿化环境，还可以长久观赏。

开业大吉时，可以送幸运竹、万年青等，来祝福开业者时时好运，效益常青。

祝贺新婚时，适宜送花色鲜艳、花香浓郁的鲜花，如玫瑰、百合、月季等，来预祝婚姻的美满吉祥，百年好合。

参加葬礼或是去扫墓时，可以用白菊花、白玫瑰等素色的花，来表示惋惜、怀念、哀愁的心情。

有一句话，叫“予人玫瑰，手留余香”，当你送花给别人的时候，心情是不是也如花一样呢?

以最好的姿态加班

今天你加班吗?如果今天加班，请把该摆的心态摆好，把该做的工作做好，把该掌握的礼仪掌握好，下班时，再带着美丽的心情，去看更美丽的风景吧。

小憩带来更高效率。

如果今天加班，请调整好自己的心态，面带笑容地出现在办公室，即使你为它牺牲了休息时间，推掉了和朋友定好的约会。这是工作的需要，你既然没有办法逃避，不如愉快地面对，相信工作会让你更加自信也更有魅力。何况，很多加班都是有回报的，不要为自己的付出感觉不平衡。

如果今天加班，请认真地对待自己的工作。虽然工作时间是额外的，但工作内容却是分内的，你加班的目的就是更快更好地完成工作，所以，要像在八小时工作日里那样积极努力。就算加班时没有领导督促和同事制约，也不应该表现得无所事事。为自己平日里的工作作一些总结，为接下来的工作作一些计划，这会很好地提高你的效率和能力，为以后带来更多的方便。

如果今天加班，请不要换掉你的职业装。只要是进入办公场所，职业装便是最正规最适合的服装。即使办公室里只有你一个人，也不应随便地穿着 T 恤衫、牛仔裤甚至蹬双凉拖鞋就进出办公室，你的形象和仪表会从你工作的每个细节里加以体现，别破坏了自己引以为傲的白领气质。人的服饰妆容是永远要与场合相搭配的，这样才不会让你看起来出格或不得体。

如果今天加班，请不要迟到或者早退。具备良好时间观念的人，才能更好地平衡工作与时间的关系，而且这也是在体现一个人表里如一的品格。以为加班就可以很松散很随便吗？以为加班就不会有谁看到吗？有些习惯是在不知不觉中养成的，所以，还是让自己养成更多的习惯吧。

如果今天加班，请不要与同来加班的同事闲聊、下棋、打牌等。毕竟加班是让你来工作的，不是让你来娱乐的，如果你们的这些行为不小心被老板看到，不知会为其

抛却杂念，认真工作。

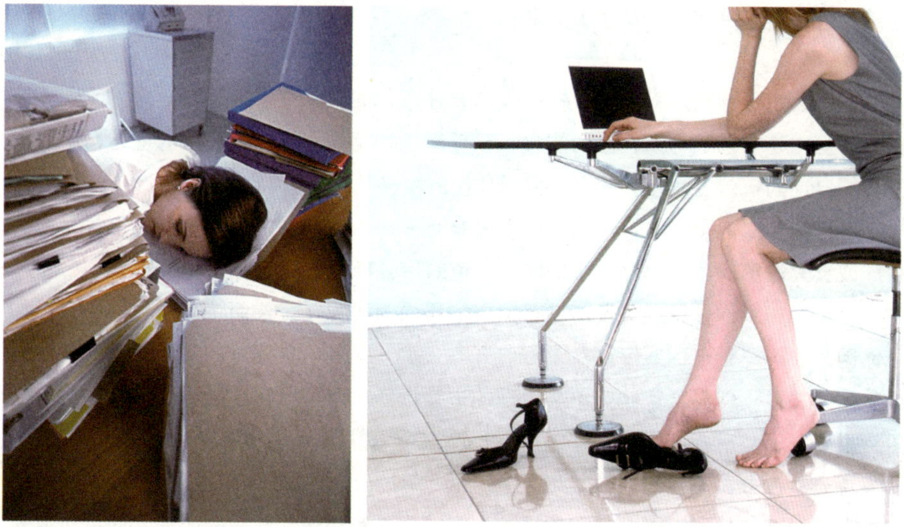

临时被通知加班时，要调整好心态。

留下多坏的印象呢。要想人不知，除非己莫为，为了自己的工作和事业更有前途，还是收敛一些的好。加班时没有什么工作可做的话，可以整理自己的办公桌和抽屉，把文件归归类，让物品摆放更有秩序，这可是为自己提供方便的好事情。

如果今天加班，请不要偷窥上司或同事的办公抽屉或电脑的文件，每个人都有自己的隐私，懂得尊重和保护他人的隐私，是一个人最基本的道德和素质。即使你有那么强的好奇心，也要管住自己的手和眼睛。办公室里的关系通常都是比较复杂敏感的，别不小心就掉进了“雷区”，为自己工作中的人际交往蒙上阴影。

如果今天加班，请不要总想着偷偷占公司的便宜。没完没了地打私人电话甚至长途电话，这会让你这个人看起来很没修养，从小事往往可以看出一个人的性格与品质，别让自己的品质变得不好。另外，电脑是你的工作器材，但不是你的私人物品，所以，别在加班时间用公司的电脑聊天或点击不健康网站。有时间为自己的电脑杀杀毒、整理整理硬盘、备份一些重要文件等不仅对工作有利，而且对自己的品质毫无损害，何乐而不为呢？

如果今天加班，请不要带自己的恋人或朋友去公司消磨时间。公司又不是公园，聊天、谈恋爱还是另找其他时间和地点吧。更不要在办公室内与恋人有亲密动作，如果不慎被突然进来的上司或同事撞见影响会很不好，要知道你的行为可是让人家尴尬地站在门口进退两难呢，所以自己来加班吧，抛却杂念，认真工作。

工作与饮食的近距离接触

在办公室里吃东西真的有很多礼仪需要注意，如果你嫌麻烦，那很好，请别养成在办公室内吃东西的习惯，因为饮食也需要环境和情调。找一个适宜的地方，用心地去养护自己的胃，温暖自己的心，愉悦自己的精神吧。

不论你多么懒于行动，不论你的办公桌有多大，我们都主张中午的工作餐尽量到餐厅或食堂去解决，因为那里才是地地道道的用餐场所。

可是，如果你休息的时间实在有限，如果你为了一件工作而忙得没时间出去，如果你因为要等一个电话或传真而无法离开办公室，那最两全齐美的方式就是叫餐在办公室内解决了。但办公室终究不是合理的进餐场所，所以，多注意一些行为举止显得更为重要。

首先，在办公室用餐应注意时间，用餐时间太长会给办公室内造成不好的气氛。如果有其他部门的同事或客户突然来访，会给人没有规矩和礼貌的印象，而且对方也会因为打扰了你吃饭而不好意思。

另外，也不要一边进食一边还做其他事情，拿着报纸边看边吃，这可是不太好的习惯，有那些精力还是用来对付面前大大小小的餐盒吧。

边吃东西边与人高声谈笑也是不礼貌的，所以在办公室内用餐更应该注意，嘴里有东西时尽量不要讲话，而且讲话也会影响进食速度，从而延长了办公室内用餐的时间。

你吃饭的时候一定不希望总被别人打扰吧？同样的道理，看到其他同事吃饭的时候，也最好不要去打扰，给他人一个清静的用餐环境。就办公室内的眼神禁忌来说，

在办公区一边吃东西一边做事是不雅行为。

不要养成在办公室吃东西的习惯。

别人吃饭的时候一定不要直盯盯地看着人家，免得对方产生尴尬或不好意思的感觉。

用完餐后，应及时而妥善地处理掉吃剩的食物和用过的餐盒餐具，最合适的地方是扔到外面有盖的垃圾桶里，而不是办公桌下的纸篓内。而且要记得把办公桌收拾干净，最好能在周围喷洒一些清香剂，因为在办公室内用过餐后，空气里总会有久久不散的饭菜的味道，这是与工作环境不相协调的，也许你身处其中不一定能强烈地感觉到，但突然进来的人必然会受到嗅觉的刺激。

在办公室内用餐同样应该注意个人形象。比如，吃饭前的卫生问题，用餐时的吃相，用餐后干净清洁的面容，千万别嘴角挂着饭粒还不自知，记得去洗手间洗净双手，并在镜子前自我检视一番。

都说女孩子是离不开零食的，在办公室也一样，你是不是偷偷放了小零食在办公桌的抽屉里？进门的时候又在楼下的自动售货柜里买了听饮料？好了，既然你的公司没有明确规定不准带任何食品进入办公室的话，那么你储藏一些食物以备不时之需也没什么不可以。但应该知道的是，究竟可以准备一些什么东西？这些东西又能在什么时间吃？

如果中午来不及吃饭或买饭，用这些零食临时填填肚子还是可以的。

薯片、爆米花、瓜子这一类的东西最好不要在办公室里吃，因为吃这样的东西会发出一些声音，你大概也会因为这声音而不好意思吧？而且它们的皮或碎屑掉到地上，也很不好清理。通常，独立包装的小糕点、小饼干、巧克力、牛肉粒等是办公室内补充能量的不错选择，但要注意适量哦，女孩子吃多了可是要发胖的。

如果中午来不及吃饭或买饭，用一些零食临时填填肚子还是可以的，另外，在工作不忙而你肚子又饿了的时候，可以悄悄地吃一些零食。但是，一定不要没事的时候就摆点小食品在桌子上，会给别人造成贪吃而不安心工作的印象。

首次约会的良好感觉

也许是你主动塞了张条子给心仪已久的人，并约定了见面时间；也许你通过别人知道你的身边也有人在寻找玫瑰，那不如就见个面探讨一下吧，不管什么样的情况，都是在去赴一场爱情的约，你真的可以不慎重吗？

在与恋爱有关的约会里，没有一个人希望自己是平凡的、普通的，谁都渴望自己成为对方眼里的焦点，为了这焦点，请让我们心甘情愿地打扮自己吧。

女人在选择约会所穿的服装时往往比较慎重，恨不得把衣柜里所有的衣服都搬出来，比比这件，试试那件，结果眼睛花了，更不知道哪件好了。其实，女孩子们只需注意，让自己的服装不粗劣，不低俗，不暴露，不呆板就可以了。不管是不是工作时间都穿着职业装的女人会让人觉得缺少变化和女人味，而穿着袒胸露背的服装会给人轻浮随便的印象，像是在引诱对方占便宜。第一次见面，女人应该展现出端庄优雅的气质。这气质还需要你化个淡雅的妆，洒上清雅的香水，既纯净又有女人味的人，会很轻易赢得男士的喜欢。

而男士们呢，约会时不修边幅可是对对方不尊重的表现。其实约会时没有必要非得西装革履，可以穿得休闲一点，有利于亲切感和拉近距离。但就算只穿 T 恤衫和牛仔裤，也要让自己干干净净。面容也是一样的，没有几个女人喜欢胡子拉碴、憔悴不堪的男人。

两人见面后，如果一人捧着一杯果汁大眼瞪小眼地坐着，总显得有些尴尬。所以，应该有人主动打破这种沉默的气氛。通常男士应该主动引出一些话题，女士也不应该太过矜持，只用点头或摇头来回应，应该大方自然一些，与对方欢快地聊下去。

笑容展现魅力。

适时幽默可打破沉默的气氛。

首次约会是双方进行基本了解的机会，可以通过交谈看出对方的性格，至于话题可以选择双方都感兴趣的进行，但不宜太直接地询问对方的经济状况和家庭背景等。虽然现实一点儿没什么不好，但第一次约会就像查户口一样，总会让人感觉不舒服的。如果你们有机会交往下去，对方也许偶尔会产生这样的疑问：当初她究竟是看上了我这个人，还是我身上的其他附加值呢?

另外，如果两人真的谈到各自的私人问题，最好还是能够以真诚真心相待，任何欺骗对方、隐瞒对方的行为，都会为今后的感情发展和幸福生活埋下隐患。

彬彬有礼的交谈是一种相互了解和沟通的途径，而稳重得体的举止，同样会在对方的心目中起到不可忽视的作用。比如，落座时，男士应主动为女士拉开椅子；上车时，应及时为女士打开车门；走路时，男士应尽量走在车行的一侧。而女士也应该尽量让自己的动作和目光变得轻盈温柔。这些看似简单的小细节往往很容易打动对方的心。

首次约会，双方都应该注重举止的优雅，不宜强制与对方拉近距离或亲热。这样的行为显得很不稳重，而且没有教养。即使彼此间都很有好感，也应懂得适当的含蓄和矜持，不要表现得太过热情，甚至像个花痴一样，这样反倒会给对方造成不好的印象了。

如果你有更多的秘密和情愫希望与对方分享，那就留一些在今后的交往中慢慢品味吧，没必要第一次见面就把过去的事情、现在的想法和未来的计划全盘托出。有一些保留，你才会在对方眼里更神秘更有期待。

还有一点千万不要忽视，那就是被人介绍首次见面的两个人，应该用心地记住彼此的名字，这是一个人的称呼和代号，也能体现出你的用心和真心。能在你们日后的见面或打电话时，深情地喊出彼此的名字，这是一种多美的声音。

约会是爱情中甜蜜的时刻，而首次约会更是那剥开糖纸时的瞬间心情，希望这心情是喜悦的，并把你的喜悦传递给对方，然后，可以成就一段皆大欢喜的爱情佳话。

相谈甚欢是良好的开端。

拜见恋人父母时的礼节

父母是长辈，拜见时懂得一些礼节极为关键。父母与儿女相比，大多是相对保守和传统一些的，所以，与其见面时，仪表和举止应该尽量符合他们的心意和审美标准。

听过有女孩子抱怨："他根本就不在乎我。"问其原因，女孩子委屈地说："他从来没想过把我介绍给他父母。"瞧瞧，两个感情发展到一定阶段的人，是多有必要领对方去见一见自己的父母啊，只要你是光明正大地与其恋爱，并想给其一段婚姻。

有去拜见父母的想法后，当然就要有所准备，从仪表到举止，再到礼节，可是一个都不能忽视的。

着装上，女士不宜穿吊带装、露脐装、露背装等太过性感的服装，也不宜化浓妆和喷浓烈的香水。男士也不能随便得像在家里一样穿着短裤与拖鞋就去见未来的岳父岳母，尽量不要染颜色特别的头发，小心丈母娘背地里叫你"小黄毛"。在对方的父母面前，女性体现出文静，男性体现出稳重，就很好了。

到对方家拜访时两手空空的总不合适，也不礼貌，尤其是第一次登门，更应该精心地准备好礼物。你可以从对方口中获悉其父母的喜好，有所了解后再买礼物会很容易讨得他们的欢心。需要注意的是，礼物应提前准备，用心采购，不要随随便便从楼下的超市拎几斤水果上去，又恰巧被对方父母从窗口看见。这会显得你不够重视又缺

帮男友的母亲做些事。

谈话时彬彬有礼。

乏诚意。准儿媳为准婆婆送一件漂亮的披肩或一条精美的丝巾，都是很讨巧的礼物。

坐在长辈面前时，应注意言谈举止的礼节。谈话时要彬彬有礼，如果其父母想详细地了解你的个人情况和家庭情况，应该诚实回答。即使心里很不满意很不耐烦，也不应表现出来，这是一种对老人的起码的礼貌与尊重。举止上应该文雅得体，不宜扭扭捏捏或蹦蹦跳跳，也不宜很高声地讲话或很夸张地笑。这都会给对方父母留下不好的印象。

聪明的女孩儿都知道，当男友的母亲在厨房忙碌的时候，该轻轻地走过去帮忙，而不是像客人一样端坐在沙发上等着人家喊你吃饭。勤快一点，贤淑一点，对女孩儿来说没有坏处，准婆婆一定会很喜欢你的，并放心地把她的儿子交给你。

聪明的男孩儿都知道，要或多或少地陪着准岳父喝点酒，但这喝多少的分寸一定要掌握好，千万不可贪杯醉酒，甚至酒后生事，说些不该说的话，做了不该做的事，这会让你刚刚树立起来的美好形象大打折扣的，更严重的还会断送了两个人的情路。

想一想，父母们怎么放心把自己的宝贝女儿交给一个“酒鬼”呢?

也许你通过努力已经渐渐成为对方家里的常客了，和其父母也可以很自然和谐地相处。但是，还是应该注意有些事情是不能在他们面前无所顾忌的。比如，两个人吵架，恋爱中的双方打打闹闹本没有什么，但是要闹到彼此父母那里就不好了。你们的事情还是应该自己来解决，对父母来说只能是徒增焦急和担心。而且说不好还会因为偏了谁向了谁而加深了你们的矛盾。别让父母认为你们是永远长不大的孩子，你们应该是可以承担任何责任与义务的大人了。

另外，在父母面前，体现出对对方的关心和爱护很适宜，也很有必要，但尽量不应有太过亲热的动作，说不定父母们很看不惯年轻人这样呢，私人化的事情还是在私人的空间里进行吧。

如果家长们不希望自己的孩子夜不归宿或别人的孩子在自己家里留宿，那还是尊重一下他们的想法比较好，只要能顺利地通过了他们的考查和认可，你们在一起的日子长着呢，不要因一时心切而伤了老人的心。

当一方的父母把自己心爱的孩子交给你的时候，用你的真心来承接这份爱，并且，爱你的爱人和爱人的父母吧。

淡雅妆容，使女人味骤然升级。

参加婚礼时的礼仪细节

好友终于要结婚了。当你收到她送来的请柬时，心中是不是也满怀喜悦和祝福呢？那就带上你的真心和笑容，去朋友的婚礼上，来见证一次完美的牵手吧。

婚礼是一个喜庆的场合，除新娘可以穿上代表着纯洁爱情的白婚纱外，其他人是不适合穿纯白色服装的。黑色也同样不适合婚礼的气氛。对于来宾来说，其他的颜色没有什么禁忌，只是记得要整洁大方一些就好。而且，需要注意的是，尽量不要穿太华丽的衣服，毕竟今天的主角是新郎和新娘，你过于出众的打扮会让人觉得莫名其妙，还是不要出这样的风头吧。

去参加婚礼时肯定是应该有所表示的，要么准备礼品，那么准备礼金。一般情况下，送礼金是比较常见的方式，因为它是最实惠最方便最明智的选择，而送礼品有时会把握不好新人的需要和喜好等。

礼金在送出之前需用红包装好，并写上简单的祝福语和自己的名字。至于数额可以根据你与对方交情的深浅来定，一般来说，也应考虑不低于当地普遍的送礼标准。因为回礼往往会比送礼大，所以准备礼金时也应给对方留点后路，别因为你一时的慷慨大方而让对方日后太为难。

除了新娘，其他人不适合穿纯白色服装。

如果请柬上邀请你偕伴或与家人共同参加，而你恰恰也想带人同去，这时可以在准备礼金时多增加一点，这才不会让人觉得你爱占便宜，甚至吝啬。而且要注意，尽量不要带孩子参加婚礼，因为有些地方的习俗，新人要给婚礼现场的孩子也准备一个小礼包，所以还是不要给别人添麻烦比较好。

假如你还是倾向于送礼品的话，可以了解一下对方需要什么，而有针对性地送出会更称其心意。需要注意的是礼物不应过于贵重，否则会让对方不安，也不要送寓意不好的礼品，免得造成对方心理上的阴影。

婚礼上的气氛都是喜庆的、热烈的、愉快的，而你无论近日里心情多么不好，也不应在所参加的婚礼上表现出来，应该用你的笑容和祝福恭喜新人。

由于婚礼特殊的气氛和需要，新人大多会忙得焦头烂额、分身乏术，也许他们只与你进行了很短暂的相处，很仓促的交谈，甚至只来得及打个招呼。对此，应该给予更多的理解，不应表现出不满或闷闷不乐。相信新人的本意是想招待好每一位来宾的，只是谁经历这样的时刻都会忙乱得无可奈何。

对于婚礼的宴席来说，没有硬性规定必须停留到最后一刻，如果你想提前告退的话，除非新人正好有空闲时间，否则不用当面告辞，这不但不会让新人觉得你没礼貌，反倒可以看出你的善解人意，用一颗宽容的心，多给新人一些时间，来招呼其他的客人吧。

言谈举止的要求，是每个人在任何场合都不能忽视的细节。在婚礼上与人交谈时，话题应尽量围绕婚礼有关的内容，不宜过多地谈自己及自己的生活感受等。但是，也

最美观的仪态是端庄自然、落落大方。

不应悄悄议论婚礼的质量和排场，不要拿这个婚礼与你曾经参加过的婚礼比较。每对新人都有自己的选择权利、思维方式和经济状况，外人没必要拿此作过多的评论。

宴席间，可以边享用边与身边的人交谈，但当新人来敬酒时就要暂时停止了。而且，此时也应注意，不该拉着新人讲起没完，也不该提出不喝下几杯酒就不准离开的要求。

既然提到了酒，就应该多想想自己的酒量，别贪杯，别喝醉，别借着酒劲儿生是非。在他人重要而特殊的日子里，喝进去的是喜酒，心里流露的也应该是喜悦。以这喜悦的心情，来预祝一段完美幸福的开始。

婚礼中当好幸福新人

相信这是一场美丽的婚礼，每对新人都需要面对人生的转折。在这包含着转折点的一天里，新郎与新娘是否作好了准备呢？究竟怎样做才能让这个幸福的日子接近完美呢？

终于要穿起白色的婚纱与心爱的人一起走入幸福神圣的礼堂了。两只手甜蜜地挽在一起，两颗心浪漫地贴在一起，两个人在亲朋好友用鲜花与欢笑铺就的通道中缓缓而行，前方是一段人生的终点，却是另一段人生的起点。

与爱人一起步入幸福殿堂。

预祝一段完美幸福的开始。

新娘在这一天里应该是天下最美的女人，美女当然不可以偷懒，千万别忘记提前准备好婚纱和礼服，而且要做到亲自去试穿，并在婚礼的前一天顺利地拿到手中，这可是那个特殊的日子里最重要的行头哦。

另外，在选择婚纱时应充分考虑自己的体形。比如，偏瘦的人可选择有袖的或泡泡袖的款式，前胸有褶皱或荷叶边，这会显得胸部丰满一些，这种体形的人不适合袒胸露臂的简洁型婚纱。而身材较胖者适合袒胸露臂的简洁流畅型婚纱，注意前胸不应有过于复杂的装饰，婚纱从整体上应突出修长的感觉。

对于新娘来说，通常一件婚纱加两件礼服已经可以满足婚礼的需要了。而新郎则更为省事，一套优质的西装满可以度过一整天的时光。当然，服装的具体准备事宜还是需根据自己的情况和条件而定。

不要以为做个美丽的新娘很容易，那可是用辛苦换来的。4 点钟就需要起来化妆，而且还需要经历一个个复杂的程序。好在这些步骤都是由化妆师来完成的，你只需要在化妆途中或化好妆后监督检查一下有没有疏漏的小细节就好。比如，脖子或其他裸露的部位是不是都打了粉底？手指甲上是不是也上过美丽的颜色？问一下化妆师是不是为你使用了具有防水效果的眼妆产品？不要等到感动得流泪时变成了熊猫眼，等等。

另外，准备好补妆所需要的基础用品也很必要。

虽然新人是婚礼上所有目光的聚集点，但也不能因为有人注视着你们而表现出扭扭捏捏或者慌乱无助的样子。最美观的仪态是端庄自然、落落大方。对于主持人的提问或游戏应积极配合，让婚礼的气氛活跃热烈起来。记住，自信的人，才是美丽的人。

婚礼永远是一个特殊的场合，甚至集喜庆、热闹、忙乱、兴奋、劳累于一天，所以新郎新娘有必要保证好充沛的体力和精力。

一般来说，忙碌从婚宴的开始会表现得更为突出。这时，新人开始了一桌接着一

新人是婚礼上所有目光的焦点。

桌的点喜烟敬喜酒的行动。敬烟酒收礼包的时候一定不要忘记及时回应对方的祝福，也可以为来宾们准备一些诸如钥匙扣、中国结一类的小礼品作为回敬，让宾客们更多地感受到你们的热情、感激、喜悦和在意。对于不沾烟酒的朋友，可以为其斟上饮料，尽量别忽略了真心祝福你们的每一个人。

如果看到了准备离席的来宾，能够抽开身的情况下，要走过去礼貌地欢送，时间允许的话，也可以主动与其合影作为纪念。

送走了其他的宾客，也许就到了你们与父母兄弟等至亲相对的时刻了。新人们一定要记得用一颗感恩的心，斟上一杯感恩的酒，来感谢父母这么多年的养育之恩和这些日子里为你们婚礼的操劳与忙碌。让你们的爱有更贴切的表现，让他们知道从今天起你们已经长大。

洗尽繁华后，甜蜜的小两口可以在床上尽情地享受属于自己的温馨与浪漫了。拆红包拆到手软时，也可以计划一下明天到哪里度蜜月。

身体与身体的对话

以不同的着装度过亲密时间。

身体，是承载生命的载体，却也在承载着另一个生命的爱。性爱始终是其中最为原始最为敏感最为私密的一种，是身体与身体亲密的对话。

一个人在茫茫人海中寻到另一个人，然后，结为夫妻。从此，他们就像风雨同舟的两条船，沿着同一个方向航行。在两个人的世界里，会有心灵的相通，会有身体的相合，也会有“执子之手，与子偕老”的爱情。

当我们白天穿着光鲜的外衣、带着优雅的举止穿行在别人眼里时，是否也想过，在家里那幽暗的壁灯下给爱人一副怎样的身体和一种怎样的行动?

和白天的着装不同，晚上的亲密时间可是内衣秀和睡衣秀隆重登场的时刻。不管你们是新婚燕尔还是老夫老妻，都有必要在上床前或脱掉外衣时，露出美丽性感的内衣或风情万种的睡衣，这是属于特定时刻卧室内的基本着装要求。

没有哪个男人希望看到自己的妻子穿着搭配不和谐的内衣，甚至有破损、褪色、松弛的迹象。内衣是女人的第二层肌肤，既保护着柔软的身体，也如磁场一样吸引着男人。聪明的女人是善于运用内衣所传递的特殊语言的，它会让生命与爱有更高的质量。

十个男人中大概有八个希望自己身边的女人是淡雅的、纯净的、清香的。谁希望一个吻下去，吻到的却是厚厚的唇膏和蜜粉呢? 所以，女人在上床前还是别忘记卸下脸上

让身体与心灵同时对话。

的彩妆，既给皮肤一个休息的机会，也给爱人一个亲密接触的好环境吧。只要做好彻底的清洁、基础的护理、洒点清淡的香水，你就已经是一个很性感很有魅力的女人了。

相亲相爱是两个身体的事情，不能一个香喷喷，另一个却臭哄哄的。男人要注重自己的清洁和卫生，有着香皂、洗发精的清香和阳光般的热情，还怕得不到女人的倾心和青睐吗?

和谐的性生活有利于男女双方很好地减轻工作生活中的压力，所以，任何人都不应该忽视在性爱中的感受。现在的社会是较为开放和人性的社会，男人们可以激情四射，女人们也一样应该学会要求和享受。

比如在开始亲密前，可以喝一点葡萄酒，燃上几支蜡烛，或者进行温柔的呢喃，来调动一下情趣和积极性。这也许是“前戏”的“前戏”吧。

迷恋对方的身体，赞美对方的身体，抚摸对方的身体，这是性爱中男女双方都应该清楚的原则，给对方无限的自信和无穷的力量，才会让彼此彻底地爆发和释放。

不论男人还是女人，在床上都需要做到专注和用心，不管你白天的时候多么辛苦，有多么难以解决的问题，也不应该带到晚上的夫妻生活中来。你心不在焉、若有所思的样子会让对方很不舒服，甚至产生挫败感。

两个人在婚姻中不应该只是性的关系，还有爱的关系，所以当对方身体不适或者精神不佳时，不应强制与对方进行性行为，任何人都不希望自己的爱人像个流氓一样粗鲁。体谅和理解对方，才能赢得对方更多的爱与体贴。

用体态密语给对方自信与力量。

每个人都不希望缠绵时被打扰，但是，如果家里的电话响半天了还在叫，你总不好不接吧？遇到这样的情况，可以重新调动彼此的热情，从头再来，让冷却的气氛慢慢回到激情燃烧的状态。重要的是，还可以耐心地去做，抛开杂念和突如其来的打扰，眼里只有深爱的人和燃起的欲望，这也是对彼此的在意和尊重。

著名导演伍迪·爱伦曾说过这样一句话："没有爱的性关系是毫无意义的，但在所有无意义的事情中，性是最好的。"这既充分体现了爱与性的联系，也绝对肯定了性的重要。

所以，尊重爱，也尊重性吧，让两个身体与心灵同时对话。

给父母带去感恩的心

一个成年的你，可以丢弃童年时放过的风筝，可以丢弃少年时骑过的单车，可以丢弃学生时背过的书包，但，千万不可丢弃回家的路，因为，在那条路的尽头，有你的父亲和母亲，还有他们日渐苍老的容颜和殷殷期盼的目光。

也许你是一个商人，沉浮于风云变幻的商海，很幸运的是练就了运筹帷幄的气度与沉稳。也许你是一个白领，进出于高级的写字间，欣慰的是你很快便拥有了自信优雅的气质。可是，在父母面前，这些看起来远远没有那么重要，因为他们不是你的客户，不是你的老板，不是你的工作，也不是你的金钱。

像儿时一样拥抱父母。

父母是这个世界上最无私地爱着我们的人，所以，无论他们的相貌、财产、学识、社会地位如何，我们都应该给予最真心诚意的尊重，而不应该是轻视甚至看不起。古代人说话多深刻，“儿不嫌母丑”，不论什么时候，“孝”都是最基本最重要的一种礼。

常回家看看吧，像儿时一样急切地奔进家门，急切地寻找父亲和母亲，然后慵懒地躺在他们身边，讲讲你出门在外的经历，问问他们家里的琐事。

老人们随着年龄的增长，物质的需求或许会越来越少，但精神的追求如果也少了，这人生便也没有什么趣味了。所以，开始关心父母的精神世界吧，陪他们聊聊天、逛逛街、喝喝茶、健健身，甚至去做一次头发，享受一次按摩，这些平时你觉得愉悦的事情，他们同样也会感到愉悦，愉悦之外或许还可以找回年轻的感觉。

你一定觉得待在父母身边是件很舒服的事情，可以回到衣来伸手、饭来张口的日子，那说明你是个多无知的孩子啊。父母的年龄和身体已经要求他们必须尽量减轻劳动强度了。所以，你应该懂得为他们做几顿可口的饭菜，洗几件脏了的衣服，削几个

不要把自己的负担转移给父母。

花时间与父母共进晚餐。

新鲜的水果，买一些日常的必需品，让父母体会一下“反哺”的情谊。

别把年少叛逆时期的代沟发展为成年后与父母之间无法跨越的距离，时间会让每个人学会宽容和理解。另外，别把在外人眼里绅士淑女的礼仪全都搬到家里来用。

你可以没有优雅的吃相，但要记得为父母夹他们爱吃的菜；你可以没有端庄的坐姿，但要与父母有个亲近的距离；你可以不讲究说话的艺术，但要让父母听懂你的语言；你可以不必非要打破无言的沉默，但要与父母心有灵犀。在父母面前，你可以穿得随便，却可以笑得开怀，希望他们也可以这样。

还有，不要把自己的负担转移给父母。你的孩子，如果可以自己带或上幼儿园，就不要轻易扔给父母；你的麻烦，如果可以自己解决，也不要随便告诉父母让他们担心。给父母一个清闲舒适快乐幸福的晚年，不是每个儿女的责任吗?

记得你小时候生病，父母是怎样抱着你去医院，怎样日夜地守在你的床边吗？当我们知道父母病了的时候，是不是也该抛下手中所有的事情，到他们身边尽一个儿女最基本的孝心？尽可能地停留更多的时间吧，喂一次饭，倒一次便盆，守一个点滴流落的夜晚。这才是他们最需要的，不要扔了钱就见不到踪影了，这会让他们伤心。

如果可能，让父母生活在你的身边吧，想看到就可以看到。听说过“一碗汤房”吗?就是父母与儿女的距离是端了一碗汤过去时，汤还没有凉。我们应该这样考虑，因为我们有一颗感恩的心，有可以让我们感动和感激的人。

陪伴孩子一起成长

就是这样一个小小的生命，他对两个大人的生活的改变却是翻天覆地的。尽快地适应角色的转变吧，千万别等到孩子长大了，才开始反省做父母做得多么不合格。孩子成长的历程，也希望你们能陪他一路走过。

很多人说，孩子是父母生命的延续，但我更愿意承认，他是一个新的生命，以独立个体的身份来到人间，感受着冷暖兼有的世界。

也许父母都希望通过不断的给予，不断的约束来表达自己的爱和关注，可孩子的成长是需要一些自由和发展，过度的束缚很容易抹去孩子的天性。想一想，你的孩子是不是看见钢琴就头痛？可你却一定要他学，并强调这是为了以后他身上能有一种艺术的气质。想一想，你的孩子是不是很热衷于足球运动？可你却每每看到他脏兮兮的衣服和鞋子时紧皱眉头、抱怨不止。孩子，应该有属于他们的快乐童年，既然你们给予了孩子生命，也给他们年少时更多的快乐吧。

孩子终于在他们的中学时代长成了追风少年，而你们也似乎早适应了父母的身份，从早晨可口的早餐、合身的衣服到口袋里充裕的零花钱，的确，你们给了孩子衣食无忧的生活。可是，当他们托着腮沉思的时候，当他们捧着书闷闷不乐的时候，当他们在深夜里悄悄听音乐看电影的时候，你是否想过，他们的头脑与心灵已经开始有了更深层次

做个容易接近的父亲，给孩子更多安全感。

给予孩子生命，更要给予他们成长的快乐。

的思考和感受。这是孩子们的精神世界，是任何父母都不应忽视的客观存在和成长空间。

孩子在青春萌动的时候喜欢上了同桌的他，于是，开始有了属于十七岁雨季诗一样的语言和文字，这些都被锁在那本有着玫瑰花瓣封面的日记里。你无意中拿起来，打开，然后开始愤怒，去质问女儿，“你这么小，怎么可以这样？”女儿委屈的泪打在脸上，她觉得自己被伤害了，因为不被尊重，因为保护不了自己的隐私。他们最亲爱的父母们，你们怎么想呢？

如果你可以经常对自己说下面这些话，也许你将很容易成为孩子的朋友，而他们，也会愿意把自己的秘密主动告诉你。

别总对孩子唠叨，做个平和的母亲；别总想把孩子拴在身边，做个大度的母亲；别偷窥孩子的秘密，做个自重的母亲；别让自己那么快就人老珠黄，做个美丽的母亲；别在孩子面前一无所知，做个智慧的母亲。

别对孩子动用武力，做个文明的父亲；别给孩子规定太多的条条框框，做个开明的父亲；别在孩子眼里成为烟鬼酒鬼，做个以身作则的父亲；别逃避与孩子一起玩的机会，做个容易接近的父亲；别不敲门就进孩子的房间，做个礼貌的父亲。

还有，别在孩子面前吵架，给他们一个温馨幸福的成长环境……

孩子们终于长大了，当你欣喜地为他们筹办婚事时，也许还会满心惆怅。毕竟，孩子将要不属于你了，你陪他重新走过了一次生命成长的历程，终于可以放开手，让他们独自承担生活了。这是该喜悦的，却也会产生无法抹去的怅然，你会流泪吗？

请不要这样，因为，你的孩子会带着他们感激的笑，捧着他们感恩的心，用感动着他们的爱去感动自己生命最初的老师，最亲密的朋友，最伟大的父母。相信他们。

做围城中聪明的男女

与你的另一半分担琐碎的家务吧，饭后一同刷刷碗，周末的时候一起洗洗衣服，打扫打扫房间，这是一种多温馨的画面，画面里有相视而笑、心心相印的两个人。

无论是新婚燕尔还是七年之痒，每一个围城中的人都希望自己的婚姻永远保鲜。当他渐渐不回来吃饭的时候，当她在家里开始蓬头垢面的时候，当他们很久很久没有在一起的时候，婚姻已经丢失了它最初的浪漫与新鲜。如果你不希望这样，如果你希望给婚姻更多的激情和机会，请学习做一个新都市生活里的好丈夫和好妻子吧。

别以为拥抱亲吻是恋爱和做爱时才可以做的事情，想一想，已经多久没给爱人一个结实的拥抱和甜蜜的亲吻了？要知道，这两个动作可是属于爱人之间最基本的行为举止，姑且把它当做婚姻中的一种礼仪吧。

在起床的时候给她一个拥抱，让她在清晨的阳光里感受到你的温柔与珍惜。在出门前给他一个亲吻，让他在一天的时光里都可以回味你的芳香与爱意，相信你的举止，可以锁住一个人的心。

家是两个人的，所以家务也应该是两个人的。婚姻中的任何一个人都没有理由让另一个人承担全部的家务。也许你会说，我给钱啊，我的钱全让她支配，这是什么道理？谁是谁的保姆吗？一起做家务的两个人，才能共同品出生活的快乐。

生活的快乐要共同营造。

牵手是一个如此美丽的词，请将爱人的手放在你的手里，在过马路的时候，在散步的时候，在紧张无措的时候，在深情凝望的时候。也许你一辈子可能握过一千个人的手，但只有这一双手是属于你的，是你想什么时候握都可以握在手里的，这就是爱人的手。为了爱，不要忽略了手的感觉和手的动作。

不管你多么累多么烦，多么想抱怨工作、生活和整个世界，可是，请不要抱怨你的爱人。两个人生活，如果没有了理解和宽容，就会多出很多猜忌和争吵。没有男人喜欢自己的妻子每天唠唠叨叨，并且从不间断地监视自己的手机来电和短信。也没有哪个女人能容忍自己的丈夫一回家就坐在沙发上看电视，而从来不与自己交流。收起这种冷漠的气氛，让心与心有更多的交流和靠近吧！

聪明的男人和女人懂得尊重自己的另一半的爱好和习惯，只要这些爱好与习惯对他人和自己没有伤害。比如，妻子不应与丈夫的足球为敌，让那些已没有时间去绿茵场奔跑的男人可以时常地饱饱眼福，给他们的心一次腾飞与奔跑的机会。再比如，丈夫不应该一提起妻子的逛街购物就头痛不已。有爱美的心情和寻找美的愿望，才能保证你身边的人是如花的娇妻。

当婚姻中的两个人已不再相爱，那一定是哪里出了问题，有一个很重要的原因，就是某一个人失去了魅力。因此婚姻中的男女，别以为自己名花名草已有主就不再注

时时保持爱美的心情与寻找美的愿望。

聪明女人让婚姻永远保鲜。

意自己的形象。在外面西装革履的人，回到家却连脚都不洗就上床，在公司衣裙鲜亮的丽人，在家里却邋邋遢遢，你的魅力和吸引力丢失得让人心疼，当你终于要为此付出代价的时候，也许就是婚姻出问题的时候了。

所以，记得为自己准备几套漂亮舒服的居家服，记得让自己有一个清爽洁净的卫生环境，记得让自己时常有所变化，智慧增加了，美丽升级了，目光才会越来越纠缠，放也放不下，解也解不开，这才是爱情与婚姻最稳固的状态。

忘记了从哪里听过这样一句话，“爱在左，情在右，走在生命的两旁，要随时播种随时开花。”婚姻里的那株百合花，需要两人来滋润，才可以百年好合。

参考资料

《现代女性应该注意的 100 个礼仪细节》　海卉　编著　哈尔滨出版社

《社交礼仪》　金正昆　编著　北京大学出版社

《礼仪有学问》　殷珍泉　编著　台海出版社

《靓妆女人》　王玉学　主编　黑龙江科学技术出版社

《柔软女人》　蓝蓝　编著　中国华侨出版社

《优雅》　(法)热纳维耶芙·安东丽·德阿里奥　著　曾淼　译　当代世界出版社

《克尼格礼仪大全》　(德)阿道夫·弗莱尔·冯·克尼格　著　曹晓寒　刘昭霞　译　中国商业出版社

《教养》　(美)莱杰·布罗斯纳安　著　蒋立珠　陈瑛　译　中国书籍出版社